네이티브는 이렇게 말한다!

스고이

일본어 회화

착실히
성장편

S 시원스쿨닷컴

스고이 일본어 회화 -성장편-

초판 1쇄 발행 2017년 2월 27일
초판 4쇄 발행 2018년 1월 25일

펴낸이 양홍걸 이시원
저자 김수경 시원스쿨일본어연구소
펴낸곳 ㈜에스제이더블유인터내셔널

출판총괄 조순정
기획편집 무로이 하나 김소영
편집디자인 김현철
일러스트 김선희
마케팅 김태균 이성원
제작 김석성

임프린트 시원스쿨
홈페이지 www.siwonschool.com
주소 서울시 영등포구 국회대로74길 12 남중빌딩 시원스쿨

등록번호 2010년 10월 21일 제 321-2010-0000219
도서구입문의 전화 02)2014-8151 **팩스** 02)783-5528

ISBN 979-11-86858-77-6 13730

　여러분들은 '스고이 일본어 회화 튼튼히 기초편'을 공부하면서 '아, 나도 이렇게 일본어로 말할 수 있구나'라는 기쁨과 즐거움을 느껴 보셨을 것입니다. 그와 동시에 '이렇게 간단한 말보다 조금 더 길게 말해보고 싶다'라는 아쉬운 마음도 느끼셨을 것이라고 생각합니다. 또한, 나의 기분을 더욱더 풍부하고 자유롭게 표현하고 싶다는 새로운 학습 욕구도 드셨을 것 같습니다.

　'스고이 일본어 회화 착실히 성장편'은 이러한 학습자 여러분들의 여러 가지 갈증을 해소시키기 위해, 조금 더 많은 어휘와 다양한 표현 학습을 꾀하여 회화 능력을 성장시킬 수 있도록 하였습니다. 본서는 회화를 익히는 교재인 만큼 일상생활에서 사용하지 않는 어렵고 딱딱한 어휘와 표현이 아닌, 실제 상황에서 꼭 필요하고 자주 사용할 수 있는 생동적인 어휘와 표현들로 구성한 것이 특징입니다. 나아가 자세한 문법 설명과 함께 짜인 문장을 반복적으로 연습함으로써 일본어다운 일본어 표현을 구사할 수 있도록 하였습니다.

　기초편과 마찬가지로 본서 역시 '스고이 일본어 회화'의 특징을 그대로 따르고 있습니다. 우선 단어에 필요한 표현을 붙여 문장을 만드는 방식을 학습하고, 문장 구성의 원리를 이해하여 자연스럽게 말하는 방법을 터득하도록 하고 있습니다. 그리고, 여러 표현들의 뉘앙스와 사용법을 비교 분석하여 익히고, 보다 일본어적인 표현을 학습함으로써 모국어 간섭으로 인한 실수를 줄여 더욱 더 자연스러운 일본어를 말할 수 있도록 하였습니다. 또한 학습하면서 생길 수 있는 작은 의문점들을 해결하기 위해 TIP과 회화 체크로 보완하였습니다. 마지막으로, 이렇게 학습한 표현들을 언제, 어디서, 누구에게 사용할 수 있는지 정확히 포인트를 짚어주는 것으로 더욱 더 원활한 일본어 커뮤니케이션을 도모하였습니다.

　본서가 학습자 여러분들의 일본어 공부에 대한 열의를 높이는 역할을 할 수 있고, 더불어 일본어 커뮤니케이션 능력 향상에 많은 도움이 되었으면 좋겠습니다.

 저자 김수경

이미지로 파악하자!
회화 워밍업

스토리가 살아있는 회화 녹음 MP3를 들으면서 오늘 배울 표현을 먼저 익힙니다. 일러스트를 참고하면서 들으면 더 효과적입니다.

선생님과 함께 배우자!
오늘의 표현

오늘 배울 회화 표현에 선생님만의 TIP 과 회화 체크를 수록하였고, 자연스러운 일본어 발음을 위한 발음 클리닉도 함께 제시하였습니다. 녹음 MP3를 따라 발음하면서 일본어 회화의 기반을 다질 수 있습니다.

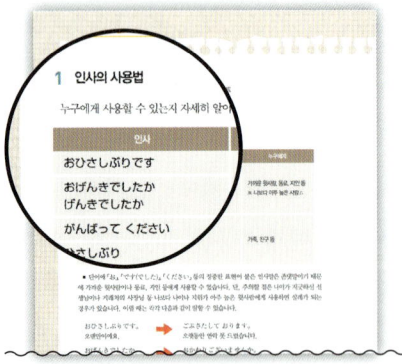

핵심에 주목하자!
오늘의 포인트

언제, 어떤 상황에서 누구에게 쓰이는 표현인지 파악할 수 있도록 TPO를 고려한 회화의 포인트를 정리했습니다. 회화의 쓰임새를 이해하면 보다 원어민에 가까운 회화를 구사할 수 있습니다.

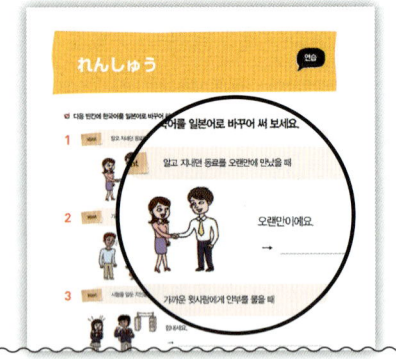

실력을 확실히 키우자!
연습

오늘 배운 회화 표현을 다시 점검하는 연습 단계입니다. 상황에 맞게 어떤 표현을 써야 하는지 복습하면서 회화 실력을 한층 더 키울 수 있습니다.

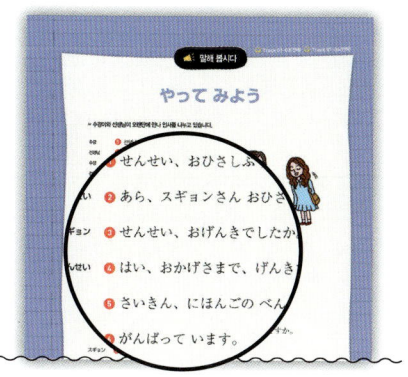

실제 상황에서 연습하자!
말해 봅시다

실제 상황을 설정해 회화 단계에서 연습하는 마지막 학습입니다. 한국어 해석으로 대화 흐름을 먼저 파악하고 차례로 일본어를 따라 연습해 봅니다. 녹음 MP3를 듣고 말하며 반복 연습을 하면 더 효과적입니다.

재미있게 알아보자!
쉬어가기

오늘 배운 표현에 관련한 내용이니 일본 문화, 추가 어휘에 대해 알아볼 수 있는 칼럼을 보너스로 넣었습니다. 일본어에 더욱 더 큰 흥미를 느낄 수 있는 알찬 내용으로 가득합니다.

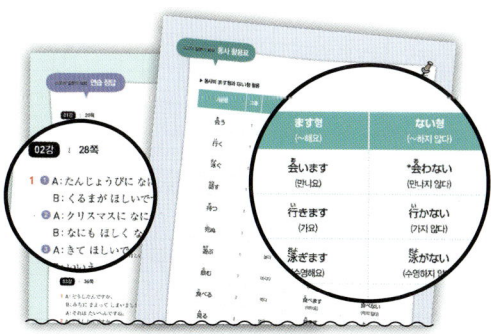

부록

연습의 정답과 동사 활용표를 정리해서 수록함으로써 연습 문제를 다시 확인해 보고 동사 활용 방법을 점검해 볼 수 있습니다.

★ 특별 부록 ★

· **저자 직강 동영상 CD**
'스고이 일본어 회화 성장편'은 '시원스쿨 일본어 중급회화'의 공식 교재입니다. 부록으로 시원스쿨 일본어 중급회화 샘플 강의가 담긴 CD를 제공하고 있습니다. 전체 강의는 시원스쿨 일본어 홈페이지 (japan.siwonschool.com)로 오시면 볼 수 있습니다.

· **본문 녹음 MP3 무료 다운로드**
본문을 학습할 때 들을 수 있는 녹음 MP3 파일은 시원스쿨 홈페이지의 수강신청 〉 교재/mp3에서 무료로 다운받을 수 있습니다.

차례

학습 스케줄

한 달 스피드 플랜

	월	화	수	목	금	토	일
1주차	**01강** 만남/ 안부 인사 및 격려 표현 말하기	**02강, 03강** 희망사항 묻고 답하기, 후회와 아쉬움 묻고 답하기	**04강, 05강** 사전 준비 묻고 답하기, 시도 묻고 답하기	**06강, 07강** 이동의 방향 묻고 답하기, 허가 묻고 답하기	**08강** 금지 묻고 답하기	**04강, 08강** **복습** 사전 준비 묻고 답하기, 금지 묻고 답하기	휴식 or 복습하기
2주차	**09강, 10강** 허가/의무 묻고 답하기, 노고/자리 뜨기 인사 및 주의 부탁 표현 말하기	**11강** 동작의 순서 묻고 답하기	**12강, 13강** 경험 묻고 답하기, 조언과 충고 묻고 답하기	**14강** 동작의 나열 묻고 답하기	**15강** 상태의 나열 묻고 답하기	**16강** 인위적인 상태 묻고 답하기	휴식 or 복습하기
3주차	**17강, 18강** 추측 묻고 답하기, 가능성과 추측 묻고 답하기	**19강** 취미와 가능한 것 묻고 답하기 1	**20강** 가능한 것 묻고 답하기 2	**21강** 주고받기 묻고 답하기	**22강** 동작의 주고받기 묻고 답하기	**23강** 정중한 의뢰 묻고 답하기	휴식 or 복습하기
4주차	**24강, 25강** 예정 묻고 답하기, 의지와 권유 묻고 답하기	**26강** 정보 전달 묻고 답하기	**27강** 추정 묻고 답하기	**28강** 추측과 전형성 묻고 답하기	**29강** 단정과 비유 묻고 답하기	**30강** 노력과 변화 묻고 답하기	휴식 or 복습하기

일본어의 기초 체력을
완성시켜 봅시다!

■ 6주 회화의 달인 플랜

	월	화	수	목	금	토 · 일
1주차	**01강** 만남/안부 인사 및 격려 표현 말하기	**02강** 희망사항 묻고 답하기	**03강** 후회와 아쉬움 묻고 답하기	**04강** 사전 준비 묻고 답하기	**05강** 시도 묻고 답하기	휴식 or 복습하기
2주차	**06강** 이동의 방향 묻고 답하기	**07강** 허가 묻고 답하기	**08강** 금지 묻고 답하기	**09강** 허가/의무 묻고 답하기	**10강** 노고/자리 뜨기 인사 및 주의 부탁 표현 말하기	휴식 or 복습하기
3주차	**11강** 동작의 순서 묻고 답하기	**12강** 경험 묻고 답하기	**13강** 조언과 충고 묻고 답하기	**14강** 동작의 나열 묻고 답하기	**15강** 상태의 나열 묻고 답하기	휴식 or 복습하기
4주차	**16강** 인위적인 상태 묻고 답하기	**17강** 추측 묻고 답하기	**18강** 가능성과 추측 묻고 답하기	**19강** 취미와 가능한 것 묻고 답하기 1	**20강** 가능한 것 묻고 답하기 2	휴식 or 복습하기
5주차	**21강** 주고받기 묻고 답하기	**22강** 동작의 주고받기 묻고 답하기	**23강** 정중한 의뢰 묻고 답하기	**24강** 예정 묻고 답하기	**25강** 의지와 권유 묻고 답하기	휴식 or 복습하기
6주차	**26강** 정보 전달 묻고 답하기	**27강** 추정 묻고 답하기	**28강** 추측과 전형성 묻고 답하기	**29강** 단정과 비유 묻고 답하기	**30강** 노력과 변화 묻고 답하기	휴식 or 복습하기

 **대표 강좌 소개**

일본어 왕초보 탈출 프로젝트
시원스쿨 일본어

	1개월	2개월	3개월

입문 · 초급

기초일본어	GO! 독학 일본어 첫걸음(김수경) 왕초보 탈출 1(최유리)	왕초보 탈출 2(최유리)	
회화		기초말하기(최유리) 초급 회화(김수경) 왕초보 말하기 트레이닝(강기석) 여행일본어 회화(아야카)	
문법	왕초보 문법(강기석)	중급 문법(강기석)	
		속성 문법(권현정)	
어휘/한자	필수 어휘 1(권현정)	필수 어휘 2(권현정)	
독해/작문		일본어 작문(고수민)	
표현			
JPT/JLPT		JPT 550 독해(서경원) JPT 550 청해(서경원) JLPT N3 문자/어휘(나루미) JLPT N3 문법(나루미) JLPT N3 독해(나루미) JLPT N3 청해(나루미)	

4개월	5개월	6개월

고급 →

왕초보 탈출 3(최유리)

스고이 일본어 회화 [성장편]의 강의입니다.

실전말하기(최유리)
중급 회화(김수경)
중고급 말하기 트레이닝(강기석)
드라마 일본어 1, 2(아야카)
*테마 일본어(황선아)

고급 회화(김수경)
비즈니스 회화(김수경)
드라마 일본어 3, 4, 5(아야카)
스크린 일본어 1, 2, *3(아야카)

고급 문법(강기석)

*심화 문법(강기석)

필수 어휘 3(권현정)
한글만 알면 보이는
일본어 한자(권현정)

필수 어휘 4(권현정)
테마로 배우는 일본어
속성 한자(권현정)

시원스쿨 일본어 홈페이지에서
(japan.siwonschool.com)
다양한 일본어 강좌를
만나보세요.

일본어 독해(고수민)

이야기로 배우는 일본어(황선아)

JPT 650 독해(서경원)
JPT 650 청해(서경원)
JLPT N2 1개월 완성(나루미)

JPT 750 독해(서경원)
*JPT 750 청해(서경원)
JLPT N1 1개월 완성(나루미)

* 체크가 되어 있는 강의는 오픈 예정 강좌입니다.

김수경(キム・スギョン)　한국인 여자 20대 대학생

일본 대학교에 교환 학생으로 온 한국인 대학생이다. 학교에서는 동아리 활동을 활발히 하고 있으며, 현재 집주인 사토 아주머니의 집에서 일본인 친구 리에와 함께 지내고 있다.

きむらたくま
기무라 다쿠마(木村拓馬)　일본인 남자 20대 회사원

수경이의 집 근처에 살고 있는 일본인 회사원이다. 수경이와 같이 사는 일본인 친구 리에와는 대학교 선후배 사이이다. 요리하는 것을 좋아하며 수경에게 관심이 있다.

すずき
스즈키 리에(鈴木りえ)　일본인 여자 20대 대학생

수경이와 같이 살고 있는 일본인 대학생이다. 기무라와는 대학교 선후배 사이이다. 배려 깊은 성격으로 수경이에게는 룸메이트이면서도 언니 같은 존재이다.

やまもとなおき
야마모토 나오키(山本直樹)　일본인 남자 20대 대학생

수경이의 대학교 선배이며 동아리 회장을 맡고 있다. 활동적이며 리더십이 강해 수경이를 잘 이끌어준다.

たなか
다나카 미호(田中みほ)　일본인 여자 20대 대학생

수경이의 대학교 친구이며 같은 동아리에 속해 있다. 친절하고 상냥한 성격으로 수경이와 친해지게 된다.

01

おげんきでしたか。
잘 지내셨어요?

미리 들어볼까요?

🎧 Track 01-01

수경이와 선생님이 오랜만에 만나 인사를 나누고 있습니다.

せんせい、
おげんきでしたか。

오늘의 목표

이번 강에서는 만남과 안부 인사 및 격려 표현에 대하여 알아봅시다.

きょうのひょうげん

01

🎧 Track 01-02

· 오랜만이에요.	**おひさしぶりです。**
· 오랜만(이야).	**ひさしぶり。**

오랜만에 만났을 때 하는 인사입니다. '오래간만이다'라는 뜻의「ひさしい」, '~만에'란 뜻의「~ぶり」가 합쳐져 '오랜만'이란 뜻의「ひさしぶり」가 됩니다. 정중하게 인사할 때는 여기에「お」와「です」를 앞뒤로 붙여 말하고, 가볍게 혹은 친근하게 인사할 경우에는「ひさしぶり」를 그대로 사용합니다.

TIP

정중한 인사의 경우,「お」를 뺀「ひさしぶりです」만으로는 사용하지 않습니다.

02

· 잘 지내셨어요?	**おげんきでしたか。**
· 잘 지냈어요?	**げんきでしたか。**
· 잘 지냈어?	**げんきだった？**

안부를 묻는 인사입니다.「げんき」는 '원기, 건강, 기력'이란 뜻을 가지고 있는데, 정중하게 인사할 때는 여기에「お」와「でしたか」를 앞뒤로 붙여 말합니다. 이보다 조금 가볍게 인사하고 싶을 때는「でしたか」만 사용하고, 반말로 인사할 경우에는「だった？」를 사용합니다.

TIP

일본어의 인사는 단어 앞에「お」를 붙이거나 뒤에「です(でした)」를 붙이면 정중한 표현이 되는 경우가 많습니다.

발음 클리닉

げんきだった？
[겡끼닫따／]

· 힘내세요.	**がんばって ください。**
· 힘내.	**がんばって。**
· 힘내(라).	**がんばれ。**

격려를 하는 표현입니다. 「がんばる」는 '힘내다, 열심히 하다, 노력하다' 란 뜻을 가지고 있는데, 이것을 동사의 て형으로 만들고 「ください(주세요)」를 붙이면 정중한 표현이 됩니다. 가볍게 인사할 경우에는 「ください」를 빼거나, 어미「る」대신「れ」를 붙여 말합니다.

TIP

동사의 て형은 부록(270쪽)을 참고해 주세요.

TIP

「がんばれ」는 명령하는 표현으로 「がんばって」보다 조금 더 힘차고 강하게 말할 때 사용합니다.

회화 체크

「がんばって(ください)」는 '파이팅'이라는 의미로도 사용합니다. 또한 일본어로 '파이팅'은 「ファイト」라고 합니다.

발음 클리닉

がんばって [감받떼]

きょうの ポイント 오늘의 포인트

1 인사의 사용법

누구에게 사용할 수 있는지 자세히 알아봅시다.

인사	존댓말/반말	누구에게
おひさしぶりです		
おげんきでしたか げんきでしたか	존댓말	가까운 윗사람, 동료, 지인 등 ※ 나보다 아주 높은 사람△
がんばって ください		
ひさしぶり		
げんきだった？	반말	가족, 친구 등
がんばって がんばれ		

■ 단어에 「お」,「です(でした)」,「ください」 등의 정중한 표현이 붙은 인사말은 존댓말이기 때문에 가까운 윗사람이나 동료, 지인 등에게 사용할 수 있습니다. 단, 주의할 점은 나이가 지긋하신 선생님이나 거래처의 사장님 등 나보다 나이나 지위가 아주 높은 윗사람에게 사용하면 실례가 되는 경우가 있습니다. 이럴 때는 각각 다음과 같이 말할 수 있습니다.

おひさしぶりです.
오랜만이에요.
➡ ごぶさたして おります.
오랫동안 연락 못 드렸습니다.

おげんきでしたか.
잘 지내셨어요?
➡ おかわりございませんか.
별고 없으십니까?

がんばって ください.
힘내세요.
➡ おうえんして います.
응원하고 있겠습니다.
きたいして います.
기대하고 있겠습니다.

■ 아주 정중한 표현들은 비즈니스 등에서 많이 사용되기 때문에 평소에는 사용할 기회가 많지 않습니다. 어려운 표현은 참고로만 알아둡시다.

2 인사 주고받기

어떻게 사용할 수 있는지 자세히 알아봅시다.

질문		대답	
오랜만이에요.	おひさしぶりです。	오랜만이에요.	おひさしぶりです。
잘 지내셨어요?	おげんきでしたか。	네, 잘 지냈어요.	はい、げんきです。
잘 지냈어?	げんきだった？	응, 잘 지냈어.	うん、げんきだったよ。

■ 오랜만에 만날 때의 인사는 서로 같은 말을 그대로 주고 받으면 됩니다. 상대방이 「おひさしぶりです」라고 하면 그대로 「おひさしぶりです」, 혹은 반말을 사용해도 되는 상대라면 「ひさしぶり」라고 대답하면 됩니다.

■ 안부 인사는 상대방의 질문에 「はい（네）」 등과 함께 「げんきです」라고 대답하면 됩니다. 과거형으로 물어봤어도 현재형으로 대답할 수 있습니다. 물론 「げんきでした」라고 과거형으로 대답해도 됩니다. 반말의 경우에는 「うん（응）」 등과 함께 「げんきだったよ」라고 대답하면 됩니다.

れんしゅう

☑ **다음 빈칸에 한국어를 일본어로 바꾸어 써 보세요.**

1 | Hint | 알고 지내던 동료를 오랜만에 만났을 때

오랜만이에요.

→ _____

2 | Hint | 가까운 윗사람에게 안부를 물을 때

잘 지내셨어요?

→ _____

3 | Hint | 시험을 앞둔 지인을 격려할 때

힘내세요.

→ _____

4 | Hint | 나이가 지긋하신 선생님을 격려할 때

응원하고 있겠습니다.

→ _____

📢 말해 봅시다

やって みよう

» 수경이와 선생님이 오랜만에 만나 인사를 나누고 있습니다.

수경	❶	선생님, 오랜만이에요.
선생님	❷	어머나, 수경 씨 오랜만이에요.
수경	❸	선생님, 잘 지내셨어요?
선생님	❹	네, 덕분에 잘 지냈어요.
	❺	요새, 일본어 공부는 어때요?
수경	❻	열심히 하고 있어요.
선생님	❼	그래요? 힘내세요!

スギョン ❶ せんせい、おひさしぶりです。

せんせい ❷ あら、スギョンさん おひさしぶりです。

スギョン ❸ せんせい、おげんきでしたか。

せんせい ❹ はい、おかげさまで、げんきですよ。

❺ さいきん、にほんごの べんきょうは どうですか。

スギョン ❻ がんばって います。

せんせい ❼ そうですか。がんばって くださいね!

Word **せんせい** 선생님 | **あら** 어머나(놀랐을 때 쓰는 감탄사) | **おかげさまで** 덕분에 |
さいきん 요새, 최근 | **にほんご** 일본어 | **べんきょう** 공부 | **どうですか** 어때요? |
がんばる 열심히 하다, 힘내다 | **そうですか** 그래요?

일본 학교에서의 언어생활

　한국에서는 학생이 선생님에게 존댓말을 사용하는 것이 일반적이지요. 그러나 일본에서는 학생이 선생님에게 반말을 사용하는 경우를 볼 수 있습니다. 또한, 선생님이 학생에게 존댓말로 이야기하는 경우도 흔히 볼 수 있습니다.

　일본에서도 원칙적으로는 선생님에게 존댓말을 사용해야 하지만 '친구 같은 교사'를 원하는 분위기가 확산되어, 교사와 학생의 관계를 상하관계가 아닌 대등한 관계로 보고자, 친밀감을 중시하게 되었습니다. 이러한 언어생활은 유치원부터 초등학교, 중학교, 고등학교까지 계속되는데, 재미있는 점은 졸업 후에 선생님을 만났을 때는 자연스럽게 존댓말을 사용한다는 것입니다.

　또한 대학생이 되면 교수님에게 존댓말을 사용하는 것이 일반적이며, 주인공 수경이네 선생님처럼 교수님도 학생에게 존댓말을 사용하기도 합니다. 참고로 일본에서는 교수님에게도「先生(선생님)」라고 부릅니다.

　그리고, 학교 관계에서 빼놓을 수 없는 관계로는 선후배 관계가 있습니다. 일본은 중학교에 들어가면서부터 동아리 활동인「部活」를 하게 되는데, 여기서 선배와 후배라는 개념이 강하게 생깁니다. 일반적으로 선배는 후배에게 반말을 하고, 후배는 선배에게 존댓말을 사용합니다.

　어른인 선생님에게는 반말을 하면서 또래인 선배에게는 존댓말을 사용하는 문화는 참 흥미로운 현상이죠?

02

なにが ほしいですか。
뭘 갖고 싶어요?

Track 02-01

미리 들어볼까요?

수경이와 기무라가 생일 선물과 파티에 대하여 대화하고 있습니다.

スギョンさん、
たんじょうびに
なにが ほしいですか。

음…….
아무것도 갖고 싶지 않아요.

오늘의 목표

이번 강에서는 희망사항에 대해 묻고 답하는 표현을 알아봅시다.

きょうのひょうげん

🎧 Track 02-02

· ~을/를 갖고 싶어요.   **명사 + が ほしいです。**

명사를 사용해서 희망을 나타내는 표현으로, 자신이 갖고 싶은 것에 대해 말할 때 사용합니다. 조사「~が」와 함께 '바랍니다, 원합니다'라는 뜻의「ほしいです」를 붙여 말합니다.

자동차를 갖고 싶어요.	くるまが ほしいです。
컴퓨터를 갖고 싶어요.	パソコンが ほしいです。
휴대전화를 갖고 싶어요.	ケータイが ほしいです。
손목시계를 갖고 싶어요.	うでどけいが ほしいです。

- **くるま** 자동차
- **パソコン** 컴퓨터
- **ケータイ** 휴대전화
- **うでどけい** 손목시계

02

> ・~했으면(해 줬으면) 좋겠어요.　　**동사의 て형 + ほしいです。**

동사를 사용해서 희망을 나타내는 표현으로, 상대방이 무언가를 해 주길 바랄 때 사용합니다. 동사의 て형에 「ほしい」를 붙여 「~て ほしい」와 같이 말하는데, 동사를 て형으로 바꿀 때 「で」가 되는 동사들은 그대로 「~で ほしい」라고 말해야 합니다. 정중한 표현은 「~て ほしいです」 「~で ほしいです」입니다.

초대했으면(초대해 줬으면) 좋겠어요.	さそって ほしいです。
왔으면(와 줬으면) 좋겠어요.	きて ほしいです。
파티했으면(파티해 줬으면) 좋겠어요.	パーティーして ほしいです。
마셨으면(마셔 줬으면) 좋겠어요.	のんで ほしいです。

03

> ・~지 않았으면(말았으면) 좋겠어요.　**동사의 ない형 +**
> **ないで ほしいです。**

동사를 사용해서 희망을 나타내는 표현으로, 상대방이 무언가를 하지 않길 바랄 때 사용합니다. 동사의 ない형에 「~ないで ほしいです」를 붙여 말합니다.

초대하지 않았으면(말았으면) 좋겠어요.	さそわないで ほしいです。
오지 않았으면(말았으면) 좋겠어요.	こないで ほしいです。
파티하지 않았으면(말았으면) 좋겠어요.	パーティーしないでほしいです。
마시지 않았으면(말았으면) 좋겠어요.	のまないで ほしいです。

TIP

동사를 て형으로 바꿀 때 「で」가 되는 동사는 「ぬ」「む」「ぶ」「ぐ」로 끝나는 동사입니다.

발음 클리닉

パーティー ［파ー띠ー］

TIP

동사를 ない형으로 바꿀 때 「う」로 끝나는 동사는 「あ」가 아니라 「わ」로 바꿔야 한다는 것을 잊지 마세요.

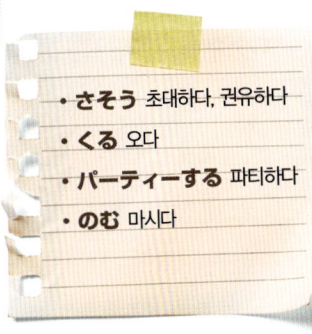

- ・**さそう** 초대하다, 권유하다
- ・**くる** 오다
- ・**パーティーする** 파티하다
- ・**のむ** 마시다

04

· ~에 뭘 갖고 싶어요?　　**기념일 + に なにが ほしいですか。**

상대방에게 무엇을 갖고 싶은지 물을 때는「なに(무엇)」를 사용하여 말합니다. 이 때 추가로 생일이나 크리스마스 등 기념일을 나타내는 명사도 함께 사용할 수 있습니다. 대답할 때는「~が ほしいです」로 갖고 싶은 것을 말하거나,「なにも ほしく ないです」와 같이 '아무것도 갖고 싶지 않다'고 말할 수 있습니다.

생일에 뭘 갖고 싶어요?　　　たんじょうびに なにが ほしいですか。
- 컴퓨터를 갖고 싶어요.　　　- パソコンが ほしいです。

크리스마스에 뭘 갖고 싶어요?　クリスマスに なにが ほしいですか。
- 아무것도 갖고 싶지 않아요.　- なにも ほしく ないです。

발음 클리닉

たんじょうび [탄죠-비]

05

· ~했으면(해 줬으면) 좋겠어요?　　**동사의 て형 + ほしいですか。**
· ~하지 않았으면(말았으면) 좋겠어요?　**동사의 ない형 +**
　　　　　　　　　　　　　　ないで ほしいですか。

상대방에게 바라는 것에 대해 물을 때는 앞서 배운 표현「~て ほしいです」나「~ないで ほしいです」뒤에 조사「~か」를 붙여 의문문으로 말하면 됩니다.

초대했으면(초대해 줬으면) 좋겠어요?　さそって ほしいですか。
초대하지 않았으면(말았으면) 좋겠어요?　さそわないで ほしいですか。

- **たんじょうび** 생일
- **パソコン** 컴퓨터
- **クリスマス** 크리스마스
- **さそう** 초대하다, 권유하다

きょうの ポイント 오늘의 포인트

1 정중하게 희망을 묻는 표현

희망 표현을 사용할 때에는 주의합시다.

실례예요	괜찮아요
~が ほしいですか ~て ほしいですか ~ないで ほしいですか	どうですか ~ましょうか どうしましょうか

「ほしい」는 「~たいですか(~하고 싶어요?)」와 마찬가지로 「~ですか」를 붙인다고 해서 누구에게나 사용할 수 있는 정중한 표현이 되는 것은 아닙니다. 나와 가깝지 않은 사람이나 나보다 윗사람에게는 「~ほしいですか」와 같이 직접적으로 묻기 보다 다음과 같이 「どうですか」나 「~ましょうか」 「どうしましょうか」 등과 같은 표현을 사용하여 완곡하게 묻는 편이 좋습니다.

これ ほしいですか。
이거 갖고 싶어요?

 これ どうですか。
이거 어떠세요?

でんき つけて ほしいですか。
불 켰으면 좋겠어요?

 でんき つけましょうか。
불 켤까요?

でんき つけないで ほしいですか。
불 켜지 않았으면 좋겠어요?

 でんき どうしましょうか。
불 어떻게 할까요?

れんしゅう

☑ 다음 빈칸에 한국어를 일본어로 바꾸어 써 보세요.

1 묻고 답해 보세요.

> **Hint** 생일 **たんじょうび** │ 자동차 **くるま** │ 크리스마스 **クリスマス** │
> 아무것도 **なにも** │ 오다 **くる** │ 초대하다 **さそう**

① A: 생일에 뭘 갖고 싶어요?

  → _____

  B: 자동차를 갖고 싶어요.

  → _____

② A: 크리스마스에 뭘 갖고 싶어요?

  → _____

  B: 아무것도 갖고 싶지 않아요.

  → _____

③ A: 왔으면 좋겠어요?

  → _____

  B: 네, 왔으면 좋겠어요.

  → _____

④ A: 초대했으면 좋겠어요?

  → _____

  B: 아니요, 초대하지 않았으면 좋겠어요.

  → _____

📢 말해 봅시다

やって みよう

» 수경이와 기무라가 생일 선물과 파티에 대하여 대화하고 있습니다.

기무라	❶ 수경 씨, 생일에 뭘 갖고 싶어요?
수경	❷ 음……. 아무것도 갖고 싶지 않아요.
기무라	❸ 어, 그래요……?
수경	❹ 네. 저기……, 오늘 밤 리에와 파티해요.
	❺ 기무라 씨도 왔으면 좋겠는데…….
기무라	❻ 좋아요! 다카하시 군도 초대했으면 좋겠어요?
수경	❼ 아니요, 다카하시 군은 초대하지 않았으면 좋겠어요.

〰〰〰〰〰〰〰〰〰〰〰〰

きむら　❶ スギョンさん、たんじょうびに なにが ほしいですか。

スギョン　❷ そうですね……。なにも ほしく ないです。

きむら　❸ え、そうですか……。

スギョン　❹ はい。あの……、こんばん りえと パーティーします。

　❺ きむらさんにも きて ほしいんですが……。

きむら　❻ いいですよ！ たかはしくんも さそって ほしいですか。

スギョン　❼ いいえ、たかはしくんは さそわないで ほしいです。

Word　**たんじょうび** 생일　｜　**そうですね** 음……, 글쎄요　｜　**なにも** 아무것도　｜　**こんばん** 오늘 밤　｜
パーティーする 파티하다　｜　상대방 + **に** + 동사의 **て**형 + **ほしい** ~이/가 ~했으면(해 줬으면) 좋겠다　｜
~も ~도　｜　**くる** 오다　｜　**~くん** ~군(주로 남성을 대하는 호칭)　｜　**さそう** 초대하다

일본의 생일 축하

일본 후생노동성이 생일에 관련한 재미있는 통계자료를 발표했습니다. 조사에 따르면, 1981년부터 2010년 사이에 일본인이 가장 많이 태어난 날짜는 12월 22일로, 총 13만 4천 명이 태어났다고 합니다. 2위는 4월 2일로 11만 3천 명, 3위는 9월 25일로 11만 1천 명이 태어났다고 합니다. 최하위는 윤일인 2월 29일인데 이 날을 일본어로는「うるうび」라고 합니다.

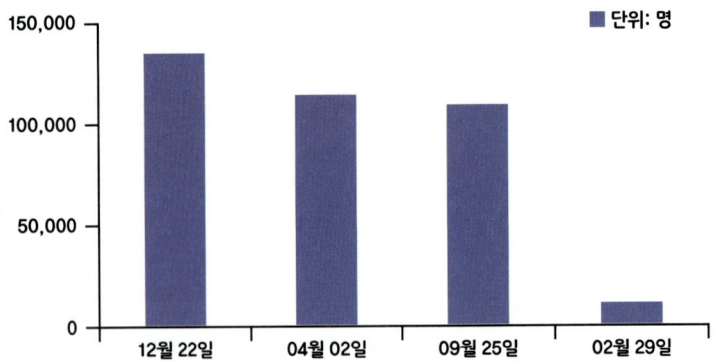

일본도 한국과 마찬가지로 생일에는 파티를 하거나 선물을 주고받는데, 어렸을 때는 생일 주인공이 직접 집으로 친구를 초대해 생일파티를 합니다. 하지만, 성인이 되면 생일 주인공이 아닌 친구나 지인들이 레스토랑이나 선술집 등에서 생일파티를 열어줘 축하를 하는 경우가 많습니다. 물론 주인공이 생일파티를 해달라고 말하는 것도 여기에 포함됩니다. 때문에 주인공을 제외한 나머지 사람들이 돈을 나누어 파티 비용을 지불해 주는 게 일반적입니다.

그리고, 한국에서는 생일음식으로 주로 미역국을 떠올리는데, 일본에서는 그러한 상징적인 음식은 따로 없고, 생일케이크와 함께 좋아하는 음식을 자유롭게 만들거나 사먹습니다. 생일케이크는 캐릭터가 그려진 것이나 초밥, 밥으로 만든 것 등등 특이하고 다양한 종류가 있습니다.

03

さいふを おとして しまいました。

지갑을 잃어버렸어요.

🎧 Track 03-01

미리 들어볼까요?

길을 잃은 수경이가 기무라에게 전화로 이야기하고 있습니다.

> 여보세요. 수경 씨,
> 무슨 일이에요?

> それが……、
> さいふを おとして
> しまいました……。

오늘의 목표

이번 강에서는 후회와 아쉬움에 대해 묻고 답하는 표현을 알아봅시다.

きょうのひょうげん

01

🎧 Track 03-02

> · 〜해 버렸어요. **동사의 て형 + しまいました。**

동사를 사용해서 후회와 아쉬움을 나타내는 표현으로, 동사의 て형에 「しまう」를 붙여 「〜て しまう」와 같이 말합니다. 정중한 표현은 「〜て しまいます」이며, 지난 일에 대해서 이야기하는 경우가 대부분이기 때문에 과거형 「〜て しまいました」로 말하는 것이 일반적입니다.

길을 잃어버렸어요.	みちに まよって しまいました。
떨어뜨려버렸어요.	おとして しまいました。
깨뜨려버렸어요.	わって しまいました。
틀려버렸어요.	まちがえて しまいました。
마셔버렸어요.	のんで しまいました。
죽어버렸어요.	しんで しまいました。

TIP

'〜해 버리다'라는 해석에서 알 수 있듯이 부정적인 뉘앙스를 가진 표현입니다.

발음 클리닉

まよう [마요으]
まちがえる [마찌가에르]

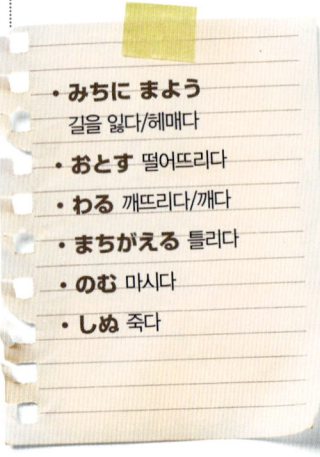

- **みちに まよう**
  길을 잃다/헤매다
- **おとす** 떨어뜨리다
- **わる** 깨뜨리다/깨다
- **まちがえる** 틀리다
- **のむ** 마시다
- **しぬ** 죽다

· 무슨 일이에요?　　　**どうしたんですか。**

상대방이 무언가 좋지 않은 일이 생긴 듯한 표정이나 모습을 했을 때 묻는 표현입니다. 이외에도 같은 뜻으로「どうしましたか」도 사용할 수 있습니다. 다만「どうしましたか」보다는「どうしたんですか」쪽이 좀 더 놀랐거나 의심스럽거나 상대방에게 관심을 보여줄 때 사용되는 경향이 있습니다.

무슨 일이에요?　　　どうしたんですか。
- 길을 잃어버렸어요.　　- みちに まよって しまいました。

무슨 일이에요?　　　どうしたんですか。
- 지갑을 잃어버렸어요.　- さいふを おとして しまいました。

무슨 일이에요?　　　どうしたんですか。
- 유리컵을 깨뜨려버렸어요.　- グラスを わって しまいました。

무슨 일이에요?　　　どうしたんですか。
- 껌을 삼켜버렸어요.　　- ガムを のんで しまいました。

무슨 일이에요?　　　どうしたんですか。
- 애완동물이 죽어버렸어요.　- ペットが しんで しまいました。

「どうしましたか」는 단순히 무슨 일이 있는지 확인하기 위해 질문할 경우에 사용합니다. 따라서 업무적이고 냉정한 느낌이 들 수도 있습니다.

「おとす」는 원래 '떨어뜨리다'라는 뜻을 가진 동사이지만,「さいふを おとす」라고 하면 어딘가에 지갑을 떨어뜨려 잃어버렸다는 의미가 되어 '지갑을 잃어버리다'라고 해석합니다.

'껌을 삼키다'는 일본어로 '껌을 마시다'와 같이 표현하여「のむ」라는 동사를 사용합니다.

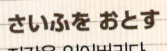

- **さいふを おとす** 지갑을 잃어버리다
- **グラス** 유리컵
- **ガムを のむ** 껌을 삼키다
- **ペット** 애완동물

03

> · 그거 큰일이네요.　　　**それは たいへんですね。**
> · 그거 안타깝네요.　　　**それは ざんねんですね。**

상대방에게 걱정이나 위로를 할 때는 「それは たいへんですね(그거 큰일이네요)」나 「それは ざんねんですね(그거 안타깝네요)」와 같은 표현을 사용하여 대답할 수 있습니다.

길을 잃어버렸어요.　　　みちに まよって しまいました。
- 그거 큰일이네요.　　　- それは たいへんですね。

지갑을 잃어버렸어요.　　　さいふを おとして しまいました。
- 그거 큰일이네요.　　　- それは たいへんですね。

유리컵을 깨뜨려버렸어요.　　　グラスを わって しまいました。
- 그거 안타깝네요.　　　- それは ざんねんですね。

껌을 삼켜버렸어요.　　　ガムを のんで しまいました。
- 그거 큰일이네요.　　　- それは たいへんですね。

애완동물이 죽어버렸어요.　　　ペットが しんで しまいました。
- 그거 안타깝네요.　　　- それは ざんねんですね。

회화 체크

「それは たいへんですね」를 우리말로 해석할 때는 '그것은 큰일이네요.'라고 직역할 수 있지만 자연스럽게 '그거 큰일이네요.'라고 하면 됩니다.

발음 클리닉

ざんねん [잔넨]

- **みちに まよう** 길을 잃다/헤매다
- **さいふを おとす** 지갑을 잃어버리다
- **グラス** 유리컵
- **わる** 깨뜨리다/깨다
- **ガムを のむ** 껌을 삼키다
- **ペット** 애완동물
- **しぬ** 죽다

きょうの ポイント 오늘의 포인트

1 「～て しまう」의 가벼운 회화체

~て しまう
~で しまう ~ちゃう
~じゃう

친구나 가까운 지인 등과 대화하는 가벼운 회화에서는 「～て しまう」나 「～で しまう」를 「～ちゃう」나 「～じゃう」와 같이 줄여서 말할 수 있습니다. 정중한 표현인 '~해 버렸어요'는 「～ちゃいました」나 「～じゃいました」입니다.

길을 잃어버렸어요.	みちに まよっちゃいました。
떨어뜨려버렸어요.	おとしちゃいました。
깨뜨려버렸어요.	わっちゃいました。
틀려버렸어요.	まちがえちゃいました。
마셔버렸어요.	のんじゃいました。
죽어버렸어요.	しんじゃいました。

2 「～て しまう」의 또 다른 사용법

「～て しまう」는 후회와 아쉬움과 같은 부정적인 표현 외에도 동작이 끝난 경우, 즉 동작의 완료를 나타낼 수 있습니다.

(케이크는 내가) 전부 먹어버렸어요.　(ケーキは わたしが) ぜんぶ たべて しまいました。
(숙제는) 아까 (다) 해버렸어요.　(しゅくだいは) さっき して しまいました。

　■ '케이크 어디 있어?'라는 질문에 '케이크라면 내가 다 먹었어'라고 대답을 할 때, 또 '숙제 다 했어?'라는 질문에 '숙제라면 아까 다 했어'라고 대답을 할 때와 같이 이미 내가 해버린 행동에 대해 말할 때 「～て しまう」를 사용할 수 있습니다.

　■ 「ぜんぶ(전부)」, 「さっき(아까)」, 「すべて(완전히)」, 「すっかり(모조리)」와 같은 표현을 써서 그것이 끝나거나 없어진 상태를 나타낼 수 있습니다.

れんしゅう

☑ 다음 빈칸에 한국어를 일본어로 바꾸어 써 보세요.

---

1 Hint   길을 잃어버리다 **みちに まよう**

A: 무슨 일이에요? → _____

B: 길을 잃어버렸어요. → _____

A: 그거 큰일이네요. → _____

---

2 Hint   지갑을 잃어버리다 **さいふを おとす**

A: 무슨 일이에요? → _____

B: 지갑을 잃어버렸어요. → _____

A: 그거 안타깝네요. → _____

---

3 Hint   유리컵 **グラス** | ~을/를 **~を** | 깨뜨리다/깨다 **わる**

A: 무슨 일이에요? → _____

B: 유리컵을 깨뜨려버렸어요. → _____

A: 그거 큰일이네요. → _____

📢 말해 봅시다

やって みよう

» 길을 잃은 수경이가 기무라에게 전화로 이야기하고 있습니다.

기무라	❶ 여보세요. 수경 씨, 무슨 일이에요?
수경	❷ 길을 잃어버렸어요.
기무라	❸ 어, 그래요?
	❹ 택시 없어요?
수경	❺ 그게……, 지갑을 잃어버렸어요…….
기무라	❻ 그거 큰일이네요.
	❼ 근처에 뭐가 있어요? 제가 갈게요.

〜〜〜〜〜〜〜〜〜〜〜〜〜〜〜〜〜

さむら　❶ もしもし。スギョンさん、どうしたんですか。

スギョン　❷ みちに まよって しまいました。

きむら　❸ え、そうですか。

❹ タクシー ないですか。

スギョン　❺ それが……、さいふを おとして しまいました……。

きむら　❻ それは たいへんですね。

❼ ちかくに なにが ありますか。ぼくが いきます。

Word　**もしもし** 여보세요　|　**みちに まよう** 길을 잃다/헤매다　|　**タクシー** 택시　|　**ない** 없다　|
さいふを おとす 지갑을 잃어버리다　|　**ちかく** 근처, 가까이　|　**ぼく** 저, 나(남자)　|　**いく** 가다

일본의 택시

일본의 교통수단 중 하나인 택시에 대해 자세히 알아봅시다.

▶ 종류

일본의 택시는 크게 일반택시와 「ハイヤー(하이어)」이 두 가지로 나눌 수 있습니다. 일반 택시는 길에서 세워 잡거나 전화로 호출 가능하며, 소/중형차가 있습니다. 하이어는 한국의 모범택시와 비슷하게 질 높은 서비스를 제공하는 택시입니다. 단, 배차 신청을 해야 탈 수 있는데 일반 운임보다 많이 지불해야 합니다. 호출 방법으로는 전화와 스마트폰 어플 등이 있으며, 특별차, 중/대형차가 있습니다.

▶ 승차 상태

한국과 마찬가지로 알림 표시등으로 승차 상태를 나타냅니다.

くうしゃ 空車	げいしゃ 迎車	ちんそう 賃走	わりまし 割増	しはらい 支払	かいそう 回送
빈차	손님을 맞으러 가는 차	손님을 태우고 주행중	할증	요금지불	회송

▶ 특이점

한국과 다른 점은 운전석에 운전수를 위협으로부터 보호하기 위한 보호벽이 있다는 것입니다. 또한, 왼쪽 뒷좌석 문이 자동문으로 되어 있기 때문에 승객이 문을 직접 여닫을 필요가 없습니다.

04

もう よやくして おきました。

이미 예약해 두었어요.

🎧 Track 04-01

미리 들어볼까요?

선배와 수경이가 여행 준비에 대하여 대화하고 있습니다.

티켓은 예약했어요?

はい、
もう よやくして おきました。

오늘의 목표

이번 강에서는 사전 준비에 대해 묻고 답하는 표현을 알아봅시다.

きょうのひょうげん

🎧 Track 04-02

01

> ・〜**해 두었어요(놓았어요)**.　　**동사의 て형 + おきました。**

동사를 사용해서 사전 준비를 나타내는 표현으로, 동사의 て형에 '두
다, 놓다'라는 뜻의 「おく」를 붙여 「〜て おく」와 같이 말합니다. 정중한
표현은 「〜て おきます」이며, 사전에 한 일에 대해서 이야기할 때는 과
거형 「〜て おきました」로 말합니다.

여권을 만들어 두었어요(놓았어요).
パスポートを つくって おきました。

가이드북을 사 두었어요(놓았어요).
ガイドブックを かって おきました。

돈을 모아 두었어요(놓았어요).
おかねを ためて おきました。

티켓을 예약해 두었어요(놓았어요).
チケットを よやくして おきました。

읽어 두었어요(놓았어요).
よんで おきました。

TIP

'여권'은 「りょけん」이라는
한자식 표현도 사용하지만,
회화에서는 외래어식 표현인
「パスポート」 쪽을 사용하
는 것이 일반적입니다.

TIP

「ためる」는 돈이나 포인트 등
을 '모으다'라고 말할 때 사용
합니다. 그 밖에 흩어진 것을
하나로 모으거나 수집하는 의
미로 말할 때는 「あつめる」
라는 단어를 사용해야 합니다.

발음 클리닉

パスポート [파스뽀ー또]
ガイドブック [가이도북끄]
チケット [치껫또]

- **パスポート** 여권
- **つくる** 만들다
- **ガイドブック** 가이드북
- **かう** 사다
- **おかね** 돈
- **ためる** 모으다
- **チケット** 티켓
- **よやくする** 예약하다
- **よむ** 읽다

02

· ~해 두세요(놓으세요). **동사의 て형 + おいて ください。**

동사를 사용해서 사전 준비를 부탁하는 표현으로, 동사의 て형에 「お く」를 て형으로 바꾼 「おいて」를 붙이고 뒤에 '주세요'라는 뜻의 「くだ さい」를 붙여 「~て おいて ください」라고 말합니다.

여권을 만들어 두세요(놓으세요).
パスポートを つくって おいて ください。

가이드북을 사 두세요(놓으세요).
ガイドブックを かって おいて ください。

돈을 모아 두세요(놓으세요).
おかねを ためて おいて ください。

티켓을 예약해 두세요(놓으세요).
チケットを よやくして おいて ください。

읽어 두세요(놓으세요).
よんで おいて ください。

TIP

「~て ください」는 '~해 주 세요'라고 부탁하거나 가볍게 명령하는 표현입니다.

회화 체크

「~おいて ください」는 직 역하면 '~해 두어 주세요(놓 아 주세요)'이지만, 자연스럽 게 '~해 두세요(놓으세요)'라 고 해석할 수 있습니다.

03

> ・~은/는 어떻게 할까요?   **명사 + は どうしましょうか。**

상대방에게 사전 준비를 할지 말지, 하길 바라는지 아닌지에 대해 정중하게 묻는 표현입니다.

가이드북은 어떻게 할까요? ガイドブックは どうしましょうか。
- 사 두세요.   - かって おいて ください。

TIP

「~ましょうか」는 말하는 사람이 '~할까요?'라고 상대의 의향을 묻는 표현 중 하나입니다.

TIP

「どうしますか」라고 하면 상대방이 행동하길 바라는 뉘앙스로 들릴 가능성도 있으니 주의해 주세요.

04

> ・~은/는 예약했어요?   **명사 + は よやくしましたか。**

상대방에게 예약을 했는지 묻는 표현입니다. 이에 대한 대답으로 예약을 한 경우에는 긍정의 대답인 「はい(네)」와 부사 「もう(이미, 벌써)」와 함께 준비 표현을 사용할 수 있습니다. 예약을 하지 않았을 경우에는 부정의 대답인 「いいえ(아니요)」와 부사 「まだ(아직)」를 사용하여 간단하게 말할 수 있습니다.

티켓은 예약했어요?

チケットは よやくしましたか。

- 네, 이미 예약해 두었어요.

- はい、もう よやくして おきました。

- 아니요, 아직이에요.

- いいえ、まだです。

발음 클리닉

どうしましょうか
[도―시마쇼―까\]

・ガイドブック 가이드북
・かう 사다
・チケット 티켓
・もう 이미, 벌써
・まだ 아직

きょうの ポイント 오늘의 포인트

1 「〜て おく」의 가벼운 회화체

~て おく   ~とく
~で おく   ~どく

친구나 가까운 지인 등과 대화하는 가벼운 회화에서는 「〜て おく」나「〜で おく」를「〜とく」나「〜どく」와 같이 줄여서 말할 수 있습니다. 정중한 표현인 '〜뒀어요(놨어요)'는「〜ときました」나「〜どきました」입니다.

여권을 만들어 뒀어요(놨어요).	パスポートを つくっときました。
가이드북을 사 뒀어요(놨어요).	ガイドブックを かっときました。
돈을 모아 뒀어요(놨어요).	おかねを ためときました。
티켓을 예약해 뒀어요(놨어요).	チケットを よやくしときました。
읽어 뒀어요(놨어요).	よんどきました。

또한, '〜둬 주세요(놔 주세요)'는「〜といて ください」나「〜どいて ください」라는 표현이 됩니다.

여권을 만들어 둬 주세요(놔 주세요).	パスポートを つくっといて ください。
가이드북을 사 둬 주세요(놔 주세요).	ガイドブックを かっといて ください。
돈을 모아 둬 주세요(놔 주세요).	おかねを ためといて ください。
티켓을 예약해 둬 주세요(놔 주세요).	チケットを よやくしといて ください。
읽어 둬 주세요(놔 주세요).	よんどいて ください。

れんしゅう

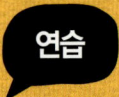

☑ **다음 빈칸에 한국어를 일본어로 바꾸어 써 보세요.**

1　**동사의 て형을 사용하여 사전 준비 표현을 써 보세요.**

> **Hint**
>
> 여권 **パスポート** ｜ ~을/를 **~を** ｜ 만들다 **つくる** ｜ 돈 **おかね** ｜
> 모으다 **ためる** ｜ 밥 **ごはん** ｜ 먹다 **たべる** ｜ 가이드북 **ガイドブック** ｜
> 사다 **かう** ｜ 티켓 **チケット** ｜ 예약하다 **よやくする** ｜ 책 **ほん** ｜ 읽다 **よむ**

① 여권을 만들어 두었어요.　→　_____

② 돈을 모아 두었어요.　→　_____

③ 밥을 먹어 두었어요.　→　_____

④ 가이드북을 사 두세요.　→　_____

⑤ 티켓을 예약해 두세요.　→　_____

⑥ 책을 읽어 두세요.　→　_____

2　**묻고 답해 보세요.**

> **Hint**
>
> 여권 **パスポート** ｜ 만들다 **つくる** ｜ 티켓 **チケット** ｜ 예약하다 **よやくする** ｜
> 이미, 벌써 **もう**

① A: 여권은 어떻게 할까요?　→　_____

　 B: 만들어 두세요.　→　_____

② A: 티켓은 예약했어요?　→　_____

　 B: 네, 이미 예약해 두었어요. →　_____

📢 말해 봅시다

やって みよう

» 선배와 수경이가 여행 준비에 대하여 대화하고 있습니다.

선배 ❶ 수경 씨, 출발은 10시죠?

수경 ❷ 네, 맞아요.

선배 ❸ 티켓은 예약했어요?

수경 ❹ 네, 이미 예약해 두었어요.

❺ 가이드북은 어떻게 할까요?

선배 ❻ 사 두세요.

수경 ❼ 네, 알겠습니다.

〜〜〜〜〜〜〜〜〜〜〜

せんぱい ❶ スギョンさん、しゅっぱつは じゅうじですよね。

スギョン ❷ ええ、そうです。

せんぱい ❸ チケットは よやくしましたか。

スギョン ❹ ええ、もう よやくして おきました。

❺ ガイドブックは どうしましょうか。

せんぱい ❻ かって おいて ください。

スギョン ❼ はい！ わかりました。

Word │ **せんぱい** 선배(님) │ **しゅっぱつ** 출발 │ **じゅうじ** 10시 │ **ええ** 네 │ **チケット** 티켓 │ **よやくする** 예약하다 │ **ガイドブック** 가이드북 │ **かう** 사다 │ **わかる** 알다

신칸센의 예약 방법

「新幹線(신칸센)」은 JR(Japan Railway) 그룹이 운영하는 고속철도로 한국의 KTX와 같은 열차입니다. 「自由席(자유석)」, 「指定席(지정석)」과 특별 요금을 더 지불해야 하는 고급 차량인 「グリーン席(그린석)」, 「グランクラス(그란클래스)」가 있습니다. 예약 방법은 여러 가지가 있으므로 일본 내 여행시 참고해 보세요.

▶ JR역 발권 창구

JR역 발권 창구인 「みどりの窓口」에 들어가서 창구 직원에게 이용 일시와 구간을 말하면 어떤 열차가 있는지 말해 줍니다. 그중에서 타고 싶은 열차를 고르고 돈을 지불하면 바로 구입할 수 있습니다.

▶ 발매기

JR역에 있는 「指定席券売機(지정석발매기)」화면의 지시에 따라, 이용 일시와 구간을 입력하면 후보열차가 표시됩니다. 공석을 선택하고 돈이나 신용카드를 넣어 결제하면 구입할 수 있습니다.

▶ 인터넷으로 예약하기

JR 홈페이지에 접속하여 회원가입을 한 후 일시, 구간 등의 검색조건을 입력하고 공석을 선택하여 인원 수와 좌석 위치 등을 입력하면 구입할 수 있습니다.

05

みんなに きいて みて ください。

모두에게 물어봐 주세요.

미리 들어볼까요?

🎧 Track 05-01

선배와 수경이가 가이드북을 보면서 관광지와 식당에 대하여 대화하고 있습니다.

오늘의 목표

이번 강에서는 시도할지에 대해 묻고 답하는 표현을 알아봅시다.

きょうのひょうげん

🎧 Track 05-02

> ・〜해 볼게요.　　**동사의 て형＋みます。**

동사를 사용해서 시도를 나타내는 표현으로, 동사의 て형에 '보다'라는 뜻의「みる」를 붙여「〜て みる」라고 말합니다. 정중한 표현은「〜て みます」입니다.

물어볼게요.	きいて みます。
가 볼게요.	いって みます。
먹어 볼게요.	たべて みます。
생각해 볼게요.	かんがえて みます。
읽어 볼게요.	よんで みます。
수영해 볼게요.	およいで みます。

회화 체크

앞으로의 일에 대해서 이야기 하는 것이기 때문에 '〜해 봐요'보다는 미래형 '〜해 볼게요'로 해석하고 이해해 주세요.

TIP

「きく」는 '묻다, 듣다'라는 두 가지 의미가 있기 때문에 「きいて みます」는 '들어 볼게요'라고도 말할 수 있습니다.

TIP

「いく」의 て형은 예외적으로 「いって」가 된다는 것을 잊지 마세요.

발음 클리닉

かんがえる [캉가에르]

- **きく** 묻다, 듣다
- **いく** 가다
- **たべる** 먹다
- **かんがえる** 생각하다
- **よむ** 읽다
- **およぐ** 수영하다

02

· ~해 봐 주세요.　　　　　**동사의 て형 + みて ください。**

「~て みて ください」는 자연스럽게 '~해 보세요'라고 해석해도 됩니다.

동사를 사용해서 시도하기를 권유하는 첫 번째 표현으로, 동사의 て형에 「みる」를 て형으로 바꾼 「みて」를 붙이고 뒤에 '주세요'라는 뜻의 「ください」를 붙여서 말합니다.

물어봐 주세요.	きいて みて ください。
가 봐 주세요.	いって みて ください。
먹어 봐 주세요.	たべて みて ください。
생각해 봐 주세요.	かんがえて みて ください。
읽어 봐 주세요.	よんで みて ください。
수영해 봐 주세요.	およいで みて ください。

03

· ~해 봐요(봅시다).　　　**동사의 て형 + みましょう。**

「~ましょう」는 '~해요, ~합시다'라고 권유하는 표현 중 하나입니다.

동사를 사용해서 시도하기를 권유하는 두 번째 표현으로, 동사의 て형에 '봐요, 봅시다'라는 뜻의 「みましょう」를 붙여서 말합니다.

물어봐요(봅시다).	きいて みましょう。
가 봐요(봅시다).	いって みましょう。
먹어 봐요(봅시다).	たべて みましょう。
생각해 봐요(봅시다).	かんがえて みましょう。
읽어 봐요(봅시다).	よんで みましょう。
수영해 봐요(봅시다).	およいで みましょう。

みましょう [미마쇼ー]

· ~해 보지 않을래요?　　**동사의 て형 + みませんか。**

동사를 사용해서 시도하기를 권유하는 세 번째 표현으로, 동사의 て형에 '보지 않을래요?'라는 뜻의 「みませんか」를 붙여서 말합니다. 이에 대한 대답으로, 긍정은 「いいですね(좋네요)」, 부정은 「ちょっと、かんがえて みます(조금, 생각해 볼게요)」와 같이 말할 수 있습니다.

먹어 보지 않을래요?	たべて みませんか。
- 좋네요.	- いいですね。
- 조금, 생각해 볼게요.	- ちょっと、かんがえて みます。

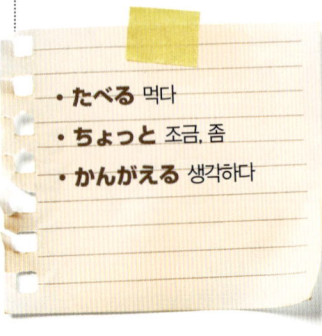

- **たべる** 먹다
- **ちょっと** 조금, 좀
- **かんがえる** 생각하다

きょうの ポイント 오늘의 포인트

1 시도에 관련된 표현에 자주 사용하는 동사

두 가지 동사 「みる」와 「やる」에 대해 알아봅시다.

(1) みる(보다)

봐 볼게요.	みて みます。
봐 봐 주세요.	みて みて ください。
봐 봐요(봅시다).	みて みましょう。
봐 보시 않을래요?	みて みませんか。

(2) やる(하다)

해 볼게요.	やって みます。
해 봐 주세요.	やって みて ください。
해 봐요(봅시다).	やって みましょう。
해 보지 않을래요?	やって みませんか。

■ 「～て みる」의 「みる」는 한자로 표기하지 않고 히라가나로 표기합니다.

■ 「みて みる」는 '보다'라는 뜻이 중복되어 한국어로 해석했을 때에는 조금 어색할 수 있지만 자주 사용되는 동사이니 연습해 봅시다.

■ 「やる」는 「する」와 같이 '하다'라는 뜻을 가지고 있지만, 조금 더 가벼운 회화체 표현입니다. 주의할 점은 「そうじやる(청소하다)」나 「かいものやる(쇼핑하다)」와 같이 명사가 붙어 동사가 되는 단어로는 사용할 수 없습니다.

れんしゅう

☑ 다음 빈칸에 한국어를 일본어로 바꾸어 써 보세요.

1 동사의 て형을 사용하여 시도 표현을 써 보세요.

> **Hint** 묻다 **きく** | 가다 **いく**

① 물어볼게요.　　　→ _____

② 물어봐 주세요.　　→ _____

③ 물어봐요(봅시다).　→ _____

④ 가 볼게요.　　　　→ _____

⑤ 가 봐 주세요.　　　→ _____

⑥ 가 봐요(봅시다).　→ _____

2 묻고 답해 보세요.

> **Hint** 먹다 **たべる** | 좋다 **いい** | 마시다 **のむ** | 조금, 좀 **ちょっと** |
> 생각하다 **かんがえる**

① A: 먹어 보지 않을래요?　→ _____

　　B: 좋네요.　　　　　　→ _____

② A: 마셔 보지 않을래요?　→ _____

　　B: 조금, 생각해 볼게요.　→ _____

📢 말해 봅시다

やって みよう

» 선배와 수경이가 가이드북을 보면서 관광지와 식당에 대하여 대화하고 있습니다.

선배	❶ 수경 씨, 여기 좋네요.
수경	❷ 그러네요. 가 볼까요?
선배	❸ 모두에게 물어봐 주세요.
수경	❹ 네! 물어볼게요.
선배	❺ 저녁밥은 어떻게 할 거예요?
	❻ 이거 먹어 보지 않을래요?
수경	❼ 좋네요.

〰〰〰〰〰〰〰〰〰〰〰〰

せんぱい ❶ スギョンさん、ここ いいですね。

スギョン ❷ そうですね、いって みましょうか。

せんぱい ❸ みんなに きいて みて ください。

スギョン ❹ はい! きいて みます。

せんぱい ❺ ばんごはんは どうしますか。

❻ これ たべて みませんか。

スギョン ❼ いいですね。

Word **ここ** 여기 | **いく** 가다 | **みんな** 모두 | **~に** ~에게, ~한테 | **きく** 묻다, 듣다 |
ばんごはん 저녁밥 | **これ** 이거 | **たべる** 먹다

일본의 유명 관광지

일본 사람들도 가고 싶어 하는 일본 내의 유명 관광지입니다.

▶ 1위: 도쿄 디즈니리조트 (東京ディズニーリゾート)

'꿈의 나라'라고 불리는 디즈니리조트는 디즈니랜드와 디즈니씨로 나뉘어 있습니다. 또한 근접해 있는 호텔도 인기가 많습니다.

▶ 2위: 후쿠오카 하카타 (福岡・博多)

「マリンワールド海の中道」라는 수족관과 구장인 「ヤフオクドーム」, 복합쇼핑몰인 「キャナルシティ」 등이 유명합니다.

▶ 3위: 오키나와 나하 (沖縄・那覇)

'동양의 하와이'로 유명한 일본의 남쪽 섬으로, 바다와 휴식을 즐길 수 있는 휴양지입니다.

▶ 4위: 홋카이도 삿포로 (北海道・札幌)

눈이 쌓인 추운 겨울을 맘껏 즐길 수 있는 곳으로, '삿포로 눈축제'와 맛있는 해산물, 유제품 등을 즐길 수 있습니다.

▶ 5위: 이시카와 가나자와 (石川・金沢)

일본의 역사와 전통을 즐길 수 있는 볼거리가 다양한 곳입니다. 전통공예나 예능을 볼 수 있는 명소와 전통거리가 있으며, 금박 아이스크림과 같은 디저트도 즐길 수 있습니다.

06

ともだちと たべて いきます。

친구와 먹고 갈게요.

🎧 Track 06-01

미리 들어볼까요?

집주인 사토 아주머니와 수경이가 저녁식사에 대하여 대화하고 있습니다.

> 수경 씨,
> 저녁밥 어떻게 할 거예요?

> ともだちと たべて いきます。

오늘의 목표

이번 강에서는 이동의 방향에 대해 묻고 답하는 표현을 알아봅시다.

きょうのひょうげん

01

🎧 Track 06-02

· ～하고(해) 갈게요.　　　**동사의 て형 + いきます。**

동사를 사용해서 어떤 동작을 끝내고 이동의 방향을 나타내는 첫 번째 표현으로, 동사의 て형에 '가다'라는 뜻의 「いく」를 붙여 「～て いく」라고 말합니다. 정중한 표현은 「～て いきます」입니다.

사 갈게요.	かって いきます。
들고 갈게요.	もって いきます。
먹고 갈게요.	たべて いきます。
보고 갈게요.	みて いきます。
놀고 갈게요.	あそんで いきます。

02

· ～하고(해) 가세요.　　　**동사의 て형 + いって ください。**

동사를 사용해서 어떤 동작을 끝내고 이동하기를 부탁하는 첫 번째 표현으로, 「～て いく」를 て형으로 바꾼 「～て いって」를 붙이고 뒤에 '주세요'라는 뜻의 「ください」를 붙여서 말합니다.

사 가세요.	かって いって ください。
들고 가세요.	もって いって ください。
먹고 가세요.	たべて いって ください。
보고 가세요.	みて いって ください。
놀고 가세요.	あそんで いって ください。

TIP

「もつ」는 '들다, 가지다' 두 가지 의미가 있기 때문에 「もって いきます」는 '가지고 갈게요', 「もって いって ください」는 '가지고 가세요'라는 의미로도 사용할 수 있습니다.

발음 클리닉

いって ください
[잍떼 크다사이]

· **かう** 사다
· **もつ** 들다, 가지다
· **たべる** 먹다
· **みる** 보다
· **あそぶ** 놀다

03

- ∼하고(해) 올게요. **동사의 て형 + きます。**

동사를 사용해서 어떤 동작을 끝내고 이동의 방향을 나타내는 두 번째 표현으로, 동사의 て형에 '오다'라는 뜻의 「くる」를 붙여 「∼て くる」라고 말합니다. 정중한 표현은 「∼て きます」입니다.

사 올게요.	かって きます。
들고 올게요.	もって きます。
먹고 올게요.	たべて きます。
보고 올게요.	みて きます。
놀고 올게요.	あそんで きます。

TIP

마찬가지로 「もって きます」는 '가지고 올게요', 「もって きて ください」는 '가지고 오세요'라는 의미로도 사용할 수 있습니다.

 04

- ∼하고(해) 오세요. **동사의 て형 + きて ください。**

동사를 사용해서 어떤 동작을 끝내고 이동하기를 부탁하는 두 번째 표현으로, 「∼て くる」를 て형으로 바꾼 「∼て きて」를 붙이고 뒤에 '주세요'라는 뜻의 「ください」를 붙여서 말합니다.

사 오세요.	かって きて ください。
들고 오세요.	もって きて ください。
먹고 오세요.	たべて きて ください。
보고 오세요.	みて きて ください。
놀고 오세요.	あそんで きて ください。

발음 클리닉

きて ください
[키떼 크다사이]

05

- ~하고(해) 가요(갈래요)?　**동사의 て형 + いきますか。**
- ~하고(해) 와요(올래요)?　**동사의 て형 + きますか。**

동사를 사용해서 어떤 동작을 끝내고 이동할 것인지 묻는 표현으로, 앞서 배운 「~て いきます」와 「~て きます」에 조사 「~か」를 붙여 의문문으로 말할 수 있습니다.

먹고 가요(갈래요)?	たべて いきますか。
먹고 와요(올래요)?	たべて きますか。
보고 가요(갈래요)?	みて いきますか。
보고 와요(올래요)?	みて きますか。

TIP

앞으로의 일을 묻는 것이니 미래형인 '~하고(해) 갈 거예요?', '~하고(해) 올 거예요?' 라는 뉘앙스로 기억해 주세요.

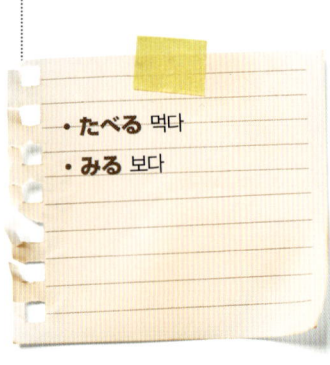

- **たべる** 먹다
- **みる** 보다

きょうの ポイント 오늘의 포인트

1 「～て いく」와「～て くる」의 또 다른 사용법

「～て いく」「～て くる」는 공간적인 이동을 나타내는 용법 외에도 특정 시점을 기준으로 한 일의 시간적 이동과 전개를 나타낼 수 있습니다.

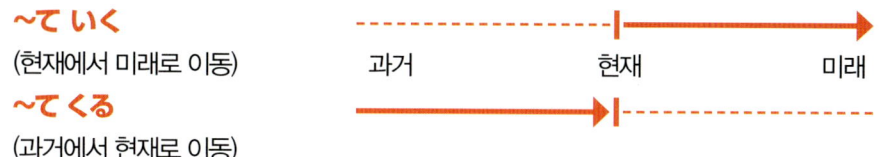

～て いく
(현재에서 미래로 이동)

～て くる
(과거에서 현재로 이동)

과거　　　현재　　　미래

■ 특정 시점을 기준으로, 이후로 서서히 이동하거나 변화해 가는 것을 나타낼 때는「～て いく」를, 그 시기 이전에서 기준까지 서서히 이동해 왔거나 변화한 것을 나타낼 때는「～て くる」를 사용합니다.

점점 추워져요.　　　　　　　　だんだん さむく なって いきます。
점점 **추워졌어요**.　　　　　　だんだん さむく なって きました。

■「～て くる」는 과거에서 현재로의 변화를 나타내기 때문에「～て きた」나「～て きました」와 같이 과거형으로 사용하는 경우도 있습니다.

■「だんだん(점점)」과 같은 부사와 함께 자주 사용됩니다. 예를 들어「だんだん さむく なって いきます」라고 하면, '(오늘도 춥지만 내일도, 앞으로 다음 주, 다음 달도) 점점 더 추워질 것입니다'라는 의미가 됩니다. 반면,「だんだん さむく なって きました」라고 하면, '(지난 달부터 조금씩 춥기 시작해서, 지난 주에는 조금 더 춥고, 어제, 오늘은) 점점 더 추워졌습니다'라는 의미가 됩니다.

れんしゅう

☑ **다음 빈칸에 한국어를 일본어로 바꾸어 써 보세요.**

1 동사의 て형을 사용하여 동작 후의 이동 방향을 나타내는 표현과 이동을 부탁하는 표현을 써 보세요.

> **Hint** ｜ 사다 **かう** ｜ 먹다 **たべる**

1 사 갈게요. → _____

2 사 가세요. → _____

3 사 올게요. → _____

4 사 오세요. → _____

5 먹고 갈게요. → _____

6 먹고 가세요. → _____

7 먹고 올게요. → _____

8 먹고 오세요. → _____

2 묻고 답해 보세요.

> **Hint** ｜ 저녁밥 **ばんごはん** ｜ 먹다 **たべる** ｜ 가방 **かばん** ｜ 들다 **もつ**

1 A: 저녁밥 먹고 와요? → _____

　　B: 네, 먹고 갈게요. → _____

2 A: 가방 들고 와요? → _____

　　B: 네, 들고 갈게요. → _____

📢 말해 봅시다

やって みよう

» 집주인 사토 아주머니와 수경이가 저녁식사에 대하여 대화하고 있습니다.

사토	❶ 여보세요. 수경 씨, 저녁밥 어떻게 할 거예요?
	❷ 먹고 와요?
수경	❸ 네, 친구와 먹고 갈게요.
사토	❹ 그래요? 맞다,
	❺ 오는 길에 간장 사 와 주세요.
수경	❻ 간장이요?
	❼ 알겠어요. 사 갈게요.

〰〰〰〰〰〰〰〰〰〰〰〰〰〰〰

さとう　❶ もしもし。スギョンさん、ばんごはん どうしますか。

　　　　❷ たべて きますか。

スギョン　❸ はい、ともだちと たべて いきます。

さとう　❹ そうですか。そうだ、

　　　　❺ かえりに しょうゆ かって きて くださいね。

スギョン　❻ しょうゆですか。

　　　　❼ わかりました。かって いきます。

Word　**もしもし** 여보세요　｜　**ばんごはん** 저녁밥　｜　**たべる** 먹다　｜　**ともだち** 친구　｜
〜と 〜와/과　｜　**そうだ** 맞다(생각났을 때 쓰는 감탄사)　｜　**かえりに** 오는 길에, 귀갓길에　｜
しょうゆ 간장　｜　**かう** 사다

일본의 주거 임대 문화

일본은 집이나 방을 빌릴 때 우리나라의 전세와 같은 개념이 없어 월세로 계약을 하는 것이 일반적입니다. 방을 빌릴 때는 「礼金」과 「敷金」이라는 것을 지불해야 합니다.

「礼金」은 옛날부터 있는 관습의 하나로서, 방을 빌려 주는 집주인에게 감사하는 마음을 담아 전달하는 돈입니다. 옛날에는 하숙집이나 아파트 등에 사는 자식을 잘 돌봐달라는 마음이 담긴 돈이었으나, 현재는 그런 것보다는 꼭 지불해야 하는 돈으로, 방을 나갈 때 돌려 받을 수 없습니다.

「敷金」은 집세 등의 채무의 담보로서 맡기는 돈으로, 관서지방에서는 한국과 똑같이 「保証金(보증금)」이라고도 말합니다. 월세를 지불할 수 없게 되었거나 집을 옮길 때 파손된 부분 등이 있을 경우 집주인에게 보상하기 위해 지불하는 돈입니다. 잔금이 있으면 돌아오지만 돌아오지 않는 경우도 많습니다.

그 밖의 임대 관련 단어로는 아래와 같은 것들이 있습니다.

▶ 「不動産(부동산)」 관련

방찾기	집주인	집세	물건	보증인	임대
お部屋探し	大家	家賃	物件	保証人	賃貸

▶ 「間取り(방 배치)」 관련

숫자(방)	L(거실)	D(식당)	K(부엌)
1/2/3	リビング	ダイニング	キッチン

예를 들어 방 하나나 둘에 거실/식당/부엌이 있는 집은 '1LDK', '2LDK' 이런 식으로 표시됩니다.

07

すわっても いいですか。

앉아도 돼요?

미리 들어볼까요?

🎧 Track 07-01

수경이와 미호가 동아리실에서 대화하고 있습니다.

となりに
すわっても いいですか。

어머나, 미호 씨, 앉으세요!

오늘의 목표

이번 강에서는 허가에 대해 묻고 답하는 표현을 알아봅시다.

きょうのひょうげん

🎧 Track 07-02

| ・〜해도 돼요. | 동사의 て형 + **も いいです。** |

동사를 사용해서 허가를 나타내는 표현으로, 동사의 て형에 '〜해도 된다'라는 뜻의 「〜も いい」를 붙여 「〜ても いい」라고 말합니다. 정중한 표현은 「〜ても いいです」입니다.

앉아도 돼요.	すわっても いいです。
찍어도 돼요.	とっても いいです。
먹어도 돼요.	たべても いいです。
마셔도 돼요.	のんでも いいです。
읽어도 돼요.	よんでも いいです。
놀아도 돼요.	あそんでも いいです。

TIP

「すわる」와 「とる」는 「る」로 끝나지만 그 앞이 'あ・お단' 이기 때문에 2그룹이 아닌 1그룹이라는 것에 주의해 주세요.

TIP

비슷한 표현으로 「〜ても かまわない(〜해도 상관없다)」 라는 표현도 있습니다.

발음 클리닉

いいです [이-데스]

・ **すわる** 앉다
・ **とる** (사진을) 찍다
・ **たべる** 먹다
・ **のむ** 마시다
・ **よむ** 읽다
・ **あそぶ** 놀다

02

· ~해도 돼요?   **동사의 て형 + も いいですか。**

동사를 사용해서 허가를 묻는 표현입니다. 앞서 배운 「~ても いいです」에 조사 「~か」를 붙여 의문문으로 말할 수 있습니다.

앉아도 돼요?	すわっても いいですか。
찍어도 돼요?	とっても いいですか。
먹어도 돼요?	たべても いいですか。
마셔도 돼요?	のんでも いいですか。
읽어도 돼요?	よんでも いいですか。
놀아도 돼요?	あそんでも いいですか。

TIP

허가를 묻는 표현은 예문과 같이 개인적인 사항에 대해서는 물론, 「ここで たばこを すっても いいですか(여기서 담배를 피워도 됩니까?)」와 같이 도덕적이거나 사회적인 규칙에 대해서 물을 때도 사용할 수 있습니다.

TIP

상대방의 말이나 행동을 재차 확인할 때에도 사용할 수 있습니다.

03

승낙 표현

허가를 물을 때, 대답이 긍정일 경우에는 단순히 「はい(네)」라고 하거나, 질문을 그대로 받아서 「いい(된다)」 또는 권유 표현 「どうぞ(하세요)」를 사용해도 좋습니다. 조금 더 강하게 긍정을 나타내고 싶을 때는 「もちろん(물론)」 등도 말할 수 있습니다.

앉아도 돼요?	すわっても いいですか。
- 네.	-はい。
- 돼요.	-いいですよ。
- 앉으세요.	-どうぞ。
- 물론이죠.	-もちろんです。

04

거절 표현

허가를 물을 때, 대답이 부정일 경우에는 직접적으로 안 된다고 말하기보다는 「すみません(죄송해요)」이나 「ちょっと(좀)」를 사용해서 완곡하게 말하는 편이 좋습니다.

앉아도 돼요?	すわっても いいですか。
- 죄송해요, 좀…….	-すみません、ちょっと……。

TIP

「はい(네)」는 「いい(된다)」, 「どうぞ(하세요)」, 「もちろん(물론)」과 함께 사용해도 좋습니다.

TIP

거절할 때 조금 더 정중하게 말하고 싶거나 상대방의 기분을 상하게 하고 싶지 않을 경우에는 허가할 수 없는 이유도 함께 말해주면 좋습니다. 강하게 거절하고 싶을 때는 다음 8강에 나오는 금지 표현을 사용할 수 있습니다.

발음 클리닉

どうぞ [도-조(zo)]
ちょっと [춋또]

- **すわる** 앉다
- **どうぞ** 하세요(권유)
- **もちろん** 물론
- **すみません** 죄송해요
- **ちょっと** 좀, 조금

きょうの ポイント 오늘의 포인트

1 「～ても いい」의 가벼운 회화체

~ても いい   ~て いい

~でも いい   ~で いい

가벼운 회화에서는 「～ても いい」나 「～でも いい」의 「も」를 삭제하고 「～て いい」나 「～で いい」라고 합니다. 따라서 정중한 표현인 '~해도 돼요'는 「～て いいです」「～で いいです」와 같이 말할 수 있습니다.

앉아도 돼요.	すわって いいです。
찍어도 돼요.	とって いいです。
먹어도 돼요.	たべて いいです。
마셔도 돼요.	のんで いいです。
읽어노 돼요.	よんで いいです。
놀아도 돼요.	あそんで いいです。

한국어에는 「～て いい」와 같은 줄임 표현이 따로 없기 때문에 해석은 「～ても いい」와 같이 '~해도 된다'라고 하면 됩니다.

れんしゅう

☑ 다음 빈칸에 한국어를 일본어로 바꾸어 써 보세요.

1 동사의 て형을 사용하여 허가 표현을 써 보세요.

Hint 마시다 **のむ** ┃ 앉다 **すわる** ┃ 먹다 **たべる** ┃ 놀다 **あそぶ**

1 마셔도 돼요.

→ _____

2 앉아도 돼요.

→ _____

3 먹어도 돼요.

→ _____

4 놀아도 돼요.

→ _____

2 묻고 답해 보세요.

Hint 마시다 **のむ** ┃ 앉다 **すわる** ┃ 먹다 **たべる** ┃ 찍다 **とる**

1 A : 마셔도 돼요? → _____

B : 죄송해요, 좀……. → _____

2 A : 앉아도 돼요? → _____

B : 앉으세요(하세요). → _____

3 A : 먹어도 돼요? → _____

B : 돼요. → _____

4 A : 찍어도 돼요? → _____

B : 물론이죠. → _____

やって みよう

» 수경이와 미호가 동아리실에서 대화하고 있습니다.

미호　❶ 저기, 수경 씨, 옆에 앉아도 돼요?

수경　❷ 어머나, 미호 씨. 앉으세요!

미호　❸ 이거 어때요?

수경　❹ 아, 먹어도 돼요?

미호　❺ 물론이에요.

수경　❻ 고마워요! 미호 씨, 이거 드세요.

미호　❼ 마셔도 돼요? 고마워요.

みほ　　❶ あの、スギョンさん、となりに すわっても いいですか。

スギョン　❷ あら、みほさん。どうぞ!

みほ　　❸ これ どうですか。

スギョン　❹ あ、たべても いいですか。

みほ　　❺ もちろんです。

スギョン　❻ ありがとうございます! みほさん、これ どうぞ。

みほ　　❼ のんでも いいですか。すみません。

Word　となり 옆　|　すわる 앉다　|　どうぞ 하세요(권유)　|　これ 이거　|
どうですか 어때요?　|　たべる 먹다　|　もちろん 물론　|　のむ 마시다

일본의 대학생활

일본의 대학생은 「部活(동아리 활동)」와 「サークル(서클)」를 즐기는 것이 대학생활의 중심이라고 생각할 정도로 활발한 활동을 합니다. 그 종류로는 테니스, 야구, 가라테, 궁도 등의 스포츠부터 영화, 사진, 요리 등의 문화 분야까지 다양한 활동이 있습니다. 일본의 대학교는 동아리 활동과 서클을 구분 지어 생각하는데, 이 둘은 비슷한 듯 하면서도 다음과 같은 차이가 있습니다.

「部活」는 승리나 입상 등의 실적을 남기기 위해 하는 활동이기 때문에 엄격한 스케줄 하에 거의 매일 연습을 합니다. 마음대로 쉴 수 없어서 아르바이트나 친구 등을 만날 시간이 부족하기도 하고, 공부를 소홀히 하게 되어 학점을 따지 못하는 경우도 있습니다. 반드시 대학의 공인이 필요하며, 학교를 대표하여 대회에 나가기 때문에 학교의 얼굴로서도 활동합니다.

반면 「サークル」는 「部活」에 비해 자유로운 분위기로, 그 활동 자체를 즐기는 것을 목적으로 하고 있기 때문에 공인 받지 않은 단체도 있습니다. 스포츠 외에도 악기나 뮤지컬, 외국어공부, 다도 등 그 종류는 매우 다양합니다. 또한 한 캠퍼스에 같은 서클이 여러 개 있는 경우도 많습니다. 모임의 목적에 맞게 열심히 활동을 하는 서클도 있지만, 단순 친목모임이 되는 경우도 있는 등 서클에 따라 모두 활동이 다릅니다.

대학생들이 이렇게 많은 시간과 노력을 들여 활동을 하는 이유는 친구들과의 우정과 추억을 쌓을 수 있기 때문이기도 하지만, 이러한 활동들이 취직과 연관되어 있기 때문이라고도 합니다. 취업활동 시 스펙 중 하나가 되기도 하고, 자신의 활동 내용과 관련지어 자신이 어떤 사람인지 보여주기 쉽다는 이유도 있다고 합니다. 또한 상하관계나 예의에 대해 배우기도 하며 인내력 등을 키울 수 있어 회사생활에 도움이 된다고 하는 의견도 있습니다.

08

しゃしんを とっては いけませんか。

사진을 찍어서는 안 돼요?

Track 08-01

미리 들어볼까요?

수경이와 선배가 영화관에서 대화하고 있습니다.

> せんぱい、ここで しゃしんを とっては いけませんか。

> 네, 안 돼요.

오늘의 목표

이번 강에서는 금지에 대해 묻고 답하는 표현을 배워봅시다.

きょうのひょうげん

🎧 Track 08-02

> · ~해서는 안 돼요.　　**동사의 て형 + は いけません。**

동사를 사용해서 금지를 나타내는 첫 번째 표현으로, 동사의 て 형에 '~은/는 안 된다'라는 뜻의 「~は いけない」를 붙여 「~ては いけない」라고 말합니다. 정중한 표현은 「~ては いけません」입니다.

사진을 찍어서는 안 돼요.

しゃしんを とっては いけません。

큰 목소리로 이야기해서는 안 돼요.

おおきい こえで はなしては いけません。

전화를 해서는 안 돼요.

でんわを しては いけません。

소리쳐서는 안 돼요.

さけんでは いけません。

정중한 표현은 「~は いけないいです」를 사용해도 됩니다.

일본에서는 '목소리'와 '소리'를 확실하게 구별하며 사용합니다. 사람의 목소리는 「こえ」, 사물의 소리는 「おと」라고 합니다.

발음 클리닉

しゃしんを とる [샤싱오 토리]
でんわを する [뎅와오 스르]

- **しゃしん** 사진
- **とる** (사진을) 찍다
- **おおきい** 크다
- **こえ** 목소리
- **はなす** 이야기하다
- **でんわ** 전화
- **する** 하다
- **さけぶ** 소리치다, 외치다

02

> ·~해서는 안 돼요. 　　**동사의 て형 + は だめです。**

동사를 사용해서 금지를 나타내는 두 번째 표현으로, 동사의 て형에 '~은/는 안 된다'라는 뜻의 「~は だめだ」를 붙여 「~ては だめだ」라고 말합니다. 정중한 표현은 「~ては だめです」입니다.

사신을 씩어서는 안 돼요.
しゃしんを とっては だめです。

큰 목소리루 이야기해서는 안 돼요.
おおきい こえで はなしては だめです。

전화를 해서는 안 돼요.
でんわを しては だめです。

소리쳐서는 안 돼요.
さけんでは だめです。

TIP

반말 표현은 「です」를 빼고 「~ては いけないよ」, 「~ては だめだよ」와 같이 문장 뒤에 「よ」를 붙여 말할 수 있습니다.

03

・~해서는 안 돼요? **동사의 て형 + は いけませんか。**
동사의 て형 + は だめですか。

동사를 사용해서 금지인지를 묻는 표현입니다. 앞서 배운 「~ては いけません」「~ては だめです」에 조사 「~か」를 붙여 의문문으로 말할 수 있습니다. 대답은 금지일 경우에는 「はい(네)」와 함께 「いけません」이나 「だめです」를 그대로 사용하여 말하고, 금지가 아닐 경우에는 「いいえ(아니요)」와 함께 「だいじょうぶです(괜찮아요)」를 사용하여 말할 수 있습니다.

전화를 해서는 안 돼요?　でんわを しては いけませんか。
- 네, 안 돼요.　　　　　 - はい、いけません。
- 아니요, 괜찮아요.　　　 - いいえ、だいじょうぶです。

전화를 해서는 안 돼요?　でんわを しては だめですか。
- 네, 안 돼요.　　　　　 - はい、だめです。
- 아니요, 괜찮아요.　　　 - いいえ、だいじょうぶです。

TIP

금지일 경우에는 질문을 그대로 받아서 「はい、でんわを しては いけません」 또는 「はい、でんわを しては だめです」라고도 할 수 있습니다. 금지가 아닐 경우에는 7강에서 배운 허가 표현을 사용해 「でんわを しても いいです」라고 말해도 좋습니다.

발음 클리닉

だいじょうぶ [다이죠―브]

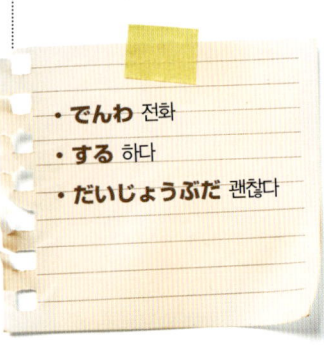

- **でんわ** 전화
- **する** 하다
- **だいじょうぶだ** 괜찮다

きょうの ポイント 오늘의 포인트

1 「～ては」의 가벼운 회화체

～ては		～ちゃ
～では	➡	～じゃ

　가벼운 회화에서는 「～ては」나 「～では」를 「～ちゃ」나 「～じゃ」와 같이 줄여서 말할 수 있습니다. 따라서 정중한 표현인 '～해선 안 돼요'는 「～ちゃ いけません」「～じゃ いけません」 또는 「～ちゃ だめです」「～じゃ だめです」입니다.

사진을 찍어선 안 돼요.	しゃしんを とっちゃ いけません。
전화를 해선 안 돼요.	でんわを しちゃ いけません。
소리쳐선 안 돼요.	さけんじゃ いけません。

사진을 찍어선 안 돼요.	しゃしんを とっちゃ だめです。
전화를 해선 안 돼요.	でんわを しちゃ だめです。
소리쳐선 안 돼요.	さけんじゃ だめです。

2 두 가지 금지 표현의 뉘앙스 차이

～ては いけません	～ては だめです
일반적인 상식 / 상대의 행동	상대의 행동

　「～ては いけません」은 일방적인 상식, 예를 들면 공공장소에서 해서는 안 되는 일이나 도덕적, 법률적으로 금지되는 일에 해당되며, 상대적으로 조금 딱딱한 느낌이 납니다. 또한 단순히 상대방의 행동에 대해 금지를 말할 때도 사용할 수 있습니다. 반면, 「～ては だめです」는 상대방의 행동에 대해 금지할 경우에만 사용하는 것이 일반적입니다. 「～ては いけません」에 비해 조금 가벼운 느낌이 듭니다.

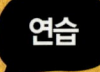

れんしゅう

☑ **다음 빈칸에 한국어를 일본어로 바꾸어 써 보세요.**

1 동사의 て형을 사용하여 금지 표현을 써 보세요.

> **Hint** 사진 **しゃしん** | ~을/를 **~を** | 찍다 **とる** | 크다 **おおきい** | 목소리 **こえ** |
> ~로 **~で** | 이야기하다 **はなす** | 전화 **でんわ** | 하다 **する**

① 사진을 찍어서는 안 돼요.

→ [いけない] _____

/ [だめだ] _____

② 큰 목소리로 이야기해서는 안 돼요.

→ [いけない] _____

/ [だめだ] _____

③ 전화를 해서는 안 돼요.

→ [いけない] _____

/ [だめだ] _____

2 묻고 답해 보세요.

> **Hint** 사진 **しゃしん** | ~을/를 **~を** | 찍다 **とる** | 소리치다 **さけぶ** | 괜찮다 **だいじょうぶだ**

① A: 사진을 찍어서는 안 돼요? → [いけない] _____

B: 네, 안 돼요. → [いけない] _____

② A: 소리쳐서는 안 돼요? → [だめだ] _____

B: 아니요, 괜찮아요. → _____

76

🔊 말해 봅시다

やって みよう

» 수경이와 선배가 영화관에서 대화하고 있습니다.

선배	①	이 영화는 꼭 봤으면 좋겠어요.
수경	②	네, 봐 볼게요.
	③	선배님, 여기서 사진을 찍으면 안 돼요?
선배	④	네, 안 돼요.
수경	⑤	네! 알겠어요!
선배	⑥	저기, 큰 목소리로 이야기해서는 안 돼요.
수경	⑦	아, 죄송해요.

〜〜〜〜〜〜〜〜〜〜〜〜〜〜〜〜

せんぱい ① この えいがは ぜひ みて ほしいです。

スギョン ② はい、みて みます。

③ せんぱい、ここで しゃしんを とっては いけませんか。

せんぱい ④ ええ、いけません。

スギョン ⑤ はい！ わかりました！

せんぱい ⑥ あの、おおきい こえで はなしては だめです。

スギョン ⑦ あ、すみません。

Word　**この** 이　|　**えいが** 영화　|　**ぜひ** 꼭　|　**みる** 보다　|　**ここで** 여기서　|　**しゃしん** 사진　|
とる 찍다　|　**おおきい** 크다　|　**こえ** 목소리　|　**〜で** 〜로　|　**はなす** 이야기하다

일본의 영화관

　일본에서 영화 티켓은 매표소에서 직접 혹은 무인발권기에서 구입하거나, 인터넷으로 예매할 수 있습니다. 요금은 일반이 1,800엔인데, 다음과 같은 각종 할인 제도가 있습니다.

学割(がくわり) (학생할인)	ファーストデー (퍼스트 데이)	レディースデー (레이디스 데이)	レイトショー (심야할인)
중고등학생 1,000엔 대학생 1,500엔	1,100엔 (매월 1일)	1,100엔 (매주 수요일)	1,300엔 (20시 이후)

　이 밖에도 각 영화관의 날이나 부부할인, 시니어할인 등이 있습니다. 3D영화의 경우는 300엔에서 400엔 정도를 추가로 지불해야 합니다.

　영화관 매너 또한 우리나라와 비슷합니다. 휴대전화 전원 OFF, 금연, 대화금지, 외부음식 반입금지, 사진촬영 및 녹음금지, 제시간 입장, 23시 이후 18세 미만 입장 불가 등입니다.

　영화관에서 판매하는 음식 및 음료수도 우리나라와 비슷한데, 레귤러사이즈 기준 팝콘 450엔, 나쵸 400엔, 핫도그 420엔, 탄산음료 320엔, 맥주 450엔 정도입니다.

09

きに しなくても いいですよ。

신경 쓰지 않아도 돼요.

미리 들어볼까요?

🎧 Track 09-01

배가 아픈 수경이와 선배가 대화하고 있습니다.

오늘의 목표

이번 강에서는 허가와 의무 등에 대해 묻고 답하는 표현을 알아봅시다.

きょうのひょうげん

🎧 Track 09-02

> ・~하지 않아도 돼요.　**동사의 ない형 + なくても いいです。**

동사 부정형을 사용해서 허가를 나타내는 표현으로, 동사의 ない형에 '~하지 않아도 된다'라는 뜻의 「~なくても いい」를 붙여서 말합니다. 정중한 표현은 「~なくても いいです」입니다.

약국에 가지 않아도 돼요.
やっきょくに いかなくても いいです。

약을 먹지 않아도 돼요.
くすりを のまなくても いいです。

스터디 그룹에 나가지 않아도 돼요.
べんきょうかいに でなくても いいです。

신경 쓰지 않아도 돼요.
きに しなくても いいです。

동사 긍정형을 사용한 허가 표현은 7강을 참고해 주세요.

일본어는 어떤 약이든 「くすりを たべる(약을 먹다)」라고 말하지 않고 반드시 「くすりを のむ(약을 마시다)」라고 말해야 한다는 것에 주의해 주세요.

발음 클리닉

やっきょく [약꾜끄]
べんきょうかい
[벵꾜—까이]

- **やっきょく** 약국
- **いく** 가다
- **くすりを のむ** 약을 먹다
- **べんきょうかい** 스터디 그룹
- **でる** 나가다/나오다
- **きに する** 신경 쓰다

02

- ~해야만 해요.　　**동사의 ない형 + なければ いけません。**
　　　　　　　　동사의 ない형 + なければ なりません。

동사 부정형을 사용해서 의무와 필요성을 나타내는 표현으로, 동사의 ない형에 '~해야만 한다'라는 뜻의「~なければ いけない」「~なければ ならない」를 붙여서 말합니다. 정중한 표현은「~なければ いけません」「~なければ なりません」입니다.

약국에 가야만 해요.
やっきょくに いかなければ いけません。

약을 먹어야만 해요.
くすりを のまなければ いけません。

스터디 그룹에 나가야만 해요.
べんきょうかいに でなければ いけません。

신경 써야만 해요.
きに しなければ いけません。

약국에 가야만 해요.
やっきょくに いかなければ なりません。

약을 먹어야만 해요.
くすりを のまなければ なりません。

스터디 그룹에 나가야만 해요.
べんきょうかいに でなければ なりません。

신경 써야만 해요.
きに しなければ なりません。

회화 체크

「~なければ いけない」와「~なければ ならない」를 우리말로 직역하면 '~하지 않으면 안 된다'라는 이중 부정 표현이 됩니다. 따라서 '~해야만 한다'라고 해석하는 편이 간단합니다.

TIP

정중한 표현은「~なければ いけないです」「~なければ ならないです」를 사용해도 됩니다.

발음 클리닉

なければ いけません
[나께레바 이께마셍]
なければ なりません
[나께레바 나리마셍]

03

- ~하지 않아도 돼요? **동사의 ない형 + なくても いいですか。**

동사 부정형을 사용해서 허가를 묻는 표현으로, 앞서 배운 「~なくても いいです」에 조사 「~か」를 붙여 의문문으로 말할 수 있습니다.

병원에 가지 않아도 돼요?
びょういんへ いかなくても いいですか。

04

- ~해야만 해요? **동사의 ない형 + なければ いけませんか。**
  동사의 ない형 + なければ なりませんか。

동사 부정형을 사용해서 의무와 필요성을 묻는 표현으로, 앞서 배운 「~なければ いけません」「~なければ なりません」에 조사 「~か」를 붙여 의문문으로 말할 수 있습니다.

병원에 가야만 해요?
びょういんへ いかなければ いけませんか。

병원에 가야만 해요?
びょういんへ いかなければ なりませんか。

TIP

우리말의 '~로/~에'에 해당하는 일본어 조사는 「~へ」와 「~に」가 있습니다. 「~へ」는 목표지점으로 향하는 방향을, 「~に」는 동작이 행해지는 도착지점을 나타냅니다. 일상생활에서는 특별히 구분하여 사용하지 않지만, '~에 도착하다'라고 말할 때 「~へ」는 사용할 수 없습니다.

발음 클리닉

~へ [에]

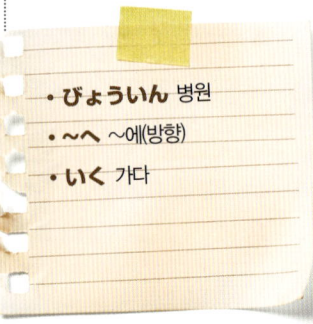

- **びょういん** 병원
- **~へ** ~에(방향)
- **いく** 가다

きょうの ポイント 오늘의 포인트

1 「~なくても いい」와 「~なければ」의 **가벼운 회화체**

(1) 허가 표현

    ~なくても いい   ~なくて いい

가벼운 회화에서는 「~なくても いい」의 「も」를 삭제하고 「~なくて いい」라고 합니다. 따라서 정중한 표현인 '~하지 않아도 돼요'는 「~なくて いいです」와 같이 말할 수 있습니다.

스터디 그룹에 가지 않아도 돼요.   べんきょうかいに でなくて いいです。
신경 쓰지 않아도 돼요.   きに しなくて いいです。

(2) 의무와 필요성 표현

    ~なければ   ~なきゃ

가벼운 회화에서는 「~なければ」를 줄여서 「~なきゃ」라고 합니다. 따라서 정중한 표현인 '~해야만 해요'는 「~なきゃ いけません」이나 「~なきゃ なりません」과 같이 말할 수 있습니다.

스터디 그룹에 가야만 해요.   べんきょうかいに でなきゃ いけません。
신경 써야만 해요.   きに しなきゃ なりません。

2 두 가지 의무 표현의 뉘앙스 차이

의무 표현	누구에게	뉘앙스
~なければ いけません	자신의 일, 상대의 일	가볍고 부드러움
~なければ なりません	상대의 일, 일반적인 규칙	강제적이고 딱딱함

「~なければ いけません」은 자신의 일과 상대의 일 양쪽에 다 사용할 수 있으며, 「~なければ なりません」에 비해서 가볍고 부드러운 느낌입니다. 반면, 「~なければ なりません」은 자신의 일에는 사용하지 않으며, 상대의 일에 대해서만 말합니다. 또한, 일반적인 규칙 등을 나타낼 때 말합니다. 그렇기 때문에 조금 강제적이고 딱딱한 느낌으로 강요하는 뉘앙스가 될 수도 있습니다.

れんしゅう

☑ 다음 빈칸에 한국어를 일본어로 바꾸어 써 보세요.

1 동사의 **ない형**을 사용하여 허가와 의무 표현을 써 보세요.

> **Hint** 마시다 **のむ** | 나가다 **でる** | 신경 쓰다 **きに する**

① 마시지 않아도 돼요. → _____

② 마셔야만 해요. → [いけない] _____

/ [ならない] _____

③ 나가지 않아도 돼요. → _____

④ 나가야만 해요. → [いけない] _____

/ [ならない] _____

⑤ 신경 쓰지 않아도 돼요. → _____

⑥ 신경 써야만 해요. → [いけない] _____

/ [ならない] _____

2 묻고 답해 보세요.

> **Hint** 약을 먹다 **くすりを のむ** | 병원 **びょういん** | ~에 **~へ** | 가다 **いく**

① A: 약을 먹지 않아도 돼요? → _____

B: 네, 먹지 않아도 돼요. → _____

② A: 병원에 가야만 해요? → [いけない] _____

B: 네, 가야만 해요. → [いけない] _____

📢 말해 봅시다

やって みよう

» 배가 아픈 수경이와 선배가 대화하고 있습니다.

선배	**1**	무슨 일이에요?
수경	**2**	배가 아파요.
선배	**3**	병원에 가지 않아도 돼요?
	4	약을 먹어야만 하겠네요.
수경	**5**	스터디 그룹에 나가지 않아도 돼요?
선배	**6**	네, 신경 쓰지 않아도 돼요.
수경	**7**	죄송해요……

〰〰〰〰〰〰〰〰〰〰〰〰〰〰〰〰

せんぱい **1** どうしたんですか。

スギョン **2** おなかが いたいんです。

せんぱい **3** びょういんへ いかなくても いいですか。

4 くすりを のまなければ いけませんね。

スギョン **5** べんきょうかいに でなくても いいですか。

せんぱい **6** はい、きに しなくても いいですよ。

スギョン **7** すみません……。

Word **おなか** 배 | **いたい** 아프다 | **びょういん** 병원 | **〜へ** 〜에(방향) | **いく** 가다 | **くすりを のむ** 약을 먹다 | **べんきょうかい** 스터디 그룹 | **〜に** 〜에 | **でる** 나가다/나오다 | **きに する** 신경 쓰다

일본의 병원 이용 방법

일본에서의 병원 이용 방법은 우리나라와 같습니다. 접수처에서 건강보험증을 제시하고 접수를 하는데, 초진일 경우에는 문진표를 작성합니다. 이름이 불리면 진찰실에 들어가서 진찰을 받고 진찰이 끝나면 진료비 계산 후 처방전을 받습니다. 그리고 반드시「処方せん_{しょほう}(처방전)」이라고 쓰여진 약국에 가서 약을 구입합니다.

▶ 병원의 종류

내과	内科 ないか	이비인후과	耳鼻咽喉科(耳鼻科) じびいんこうか じびか
치과	歯科 しか	소아과	小児科 しょうにか
안과	眼科 がんか	정형외과	整形外科 せいけいげか
피부과	皮膚科 ひふか	성형외과	美容外科 びようげか

▶ 약 종류

감기약	風邪薬 かぜぐすり	수면제	睡眠剤 すいみんざい
두통약	頭痛薬 ずつうやく	변비약	便秘薬 べんぴやく
소화제	胃薬 いぐすり	연고	塗り薬 (軟膏) ぬ ぐすり なんこう
진통제	鎮痛剤 ちんつうざい	반창고	絆創膏 ばんそうこう

10

おつかれさまでした。

수고하셨어요.

🎧 Track 10-01

미리 들어볼까요?

수경이와 선배가 수업이 끝나고 인사를 나누고 있습니다.

오늘의 목표

이번 강에서는 노고와 자리 뜰 때의 인사 및 주의 부탁 표현에 대하여 알아봅시다.

きょうのひょうげん

🎧 Track 10-02

01

· 수고하셨어요.	**おつかれさまでした。**
· 수고했어.	**おつかれさま。**
· 수고.	**おつかれ。**

'피로'라는 뜻을 가진 명사 「つかれ」의 앞에 「お」를 붙여, 상대의 노고를 위로하거나 귀가할 때 사용하는 인사말입니다. 뒤에 「さま」를 붙여 「おつかれさま」와 같이 가볍게 인사할 수도 있습니다. 정중하게 과거형으로 말하고 싶을 때는 여기에 「でした」를 붙여서 「おつかれさました」라고 말할 수 있습니다. 우리말의 '수고'라는 말처럼 윗사람에게는 사용하지 않는 것이 일반적입니다.

TIP

「お」는 주로 정중하게 말하거나 예쁘게 말할 때 사용합니다.

TIP

「さま」도 인사말을 정중하게 만들어 줍니다. 「さま」를 「さん」으로 바꿔서 가볍게 「おつかれさん」과 같이 말하기도 합니다.

회화 체크

젊은 사람들은 「おつかれ」를 아침을 제외한 만날 때의 인사로도 자주 사용합니다.

발음 클리닉

おつかれ [오츠(tsu)까레]

· 먼저 실례하겠습니다.	**おさきに しつれいします。**
· 먼저 실례(할게).	**おさきに。**

'먼저'라는 뜻을 가진 부사 「さきに」의 앞에 「お」와 '실례하겠습니다'라는 뜻의 「しつれいします」를 붙인 표현으로, 다른 사람보다 먼저 귀가할 때 사용하는 인사말입니다. 뒷부분의 「しつれいします」를 생략하여 「おさきに」와 같이 빈말로도 사용할 수 있습니다.

이에 대한 대답으로는 보통 앞에서 배운 「おつかれさまでした」「おつかれさま」「おつかれ」와 같이 말하면 됩니다.

TIP

비슷한 표현인 「それでは、しつれいします」는 누군가와 헤어질 때, 초대받은 집에서 나갈 때, 전화를 끊을 때 등에 사용하는 것으로, 두 표현은 다른 인사말입니다.

발음 클리닉

しつれい [시쯔레ー]

03

· 조심해서 가요.	**おきを つけて。**
· 조심해서 가.	**きを つけて(ね)。**

'조심하다, 주의하다'라는 뜻의 「きを つける」를 동사의 て형으로 바꾸고 앞에 「お」를 붙인 표현으로, 상대방에게 조심해서 귀가하길 바라는 의미로 사용하는 인사말입니다. 「お」를 생략하여 「きを つけて(ね)」와 같이 반말로도 사용할 수 있습니다.

TIP

인사 외에 위험한 것을 조심하라고 말할 때도 사용합니다.

발음 클리닉

きを つけて
[키오 츠(tsu)께떼]

きょうの ポイント 오늘의 포인트

1 인사의 사용법

누구에게 사용할 수 있는지 자세히 알아봅시다.

인사	존댓말/반말	누구에게
おつかれさまでした おさきに しつれいします おきを つけて	존댓말	가까운 윗사람, 동료, 지인 등 ※ 나보다 아주 높은 사람△
おつかれさま おつかれ おさきに きを つけて(ね)	반말	가족, 동료, 친구 등

단어에 「お」, 「です(でした)」, 「ます(ました)」 등의 정중한 표현이 붙은 인사말은 존댓말로, 가까운 윗사람이나 동료, 지인 등에게 사용할 수 있습니다. 단 주의할 점은 나보다 지위가 아주 높은 윗사람에게 사용하면 실례가 되는 경우가 있습니다. 이럴 때는 각각 다음과 같이 말할 수 있습니다.

おさきに しつれいします.
먼저 실례하겠습니다.

それでは、おさきに しつれいいたします.
그러면, 먼저 실례하겠습니다.

おきを つけて.
조심해서 가요.

どうぞ、おきを つけて おかえりください.
아무쪼록, 조심해서 돌아가세요.

2 과거형과 현재형의 차이

인사	언제
おつかれさまでした	헤어질 때
おつかれさまです	인사할 때

현재형 「おつかれさまです」는 노고를 위로하거나 귀가할 때가 아닌, 일을 하고 있는 동료나 후배에게 건넬 수 있는 인사말로 사용합니다.

れんしゅう

연습

☑ **다음 빈칸에 한국어를 일본어로 바꾸어 써 보세요.**

1   Hint   업무를 마치고 피곤해 보이는 동료에게

수고하셨어요.

→ _____

2   Hint   자리를 뜰 때 남아있는 동료에게

먼저 실례하겠습니다.

→ _____

3   Hint   먼저 퇴근하는 동료에게

조심해서 가요.

→ _____

4   Hint   집으로 돌아가는 친구에게

조심해서 가.

→ _____

92

말해 봅시다

やって みよう

» 수경이와 선배가 수업이 끝나고 인사를 나누고 있습니다.

수경	❶ 선배님, 수고하셨어요.
선배	❷ 아, 수경 씨, 수고했어!
	❸ 이제 돌아가는 거예요?
수경	❹ 네, 돌아가요.
선배	❺ 그럼, 조심해서 가요.
수경	❻ 네, 고마워요.
	❼ 그럼, 먼저 실례하겠습니다!

～～～～～～～～～～

スギョン ❶ せんぱい、おつかれさまでした。

せんぱい ❷ あ、スギョンさん、おつかれさま！

❸ もう かえるんですか。

スギョン ❹ はい、かえります。

せんぱい ❺ じゃ、おきを つけて。

スギョン ❻ はい、ありがとうございます。

❼ では、おさきに しつれいします！

Word **もう** 이제 | **かえる** 돌아가다/돌아오다 | **じゃ** 그럼 | **ありがとうございます** 고마워요 | **では** 그럼

일본의 대학교

일본의 대학교는 세 가지 종류가 있는데, 보통 「センター試験(센터시험)」이라고 하는 일반시험과 추천입시 등으로 입학이 결정됩니다.

▶ 大学(대학)

학술적이고 이론적인 학문을 연구하는 4년제 대학입니다. 졸업을 위해서는 평균 124학점을 취득해야 하며, 학사 학위를 받습니다.

▶ 短期大学(단기대학)

폭넓은 교양을 익힘과 동시에 직업이나 실생활에 도움이 되는 능력을 육성하는 2~3년제 대학으로, 추천입시의 비율이 높은 편입니다. 졸업을 위해서 2년제는 평균 62학점, 3년제는 93학점을 취득해야 하며, 단기대학사 학위를 받습니다.

▶ 専門学校(전문학교)

실질적이고 실무적인 교육을 배우는 1~4년제 학교입니다. 한국의 전문대와 비슷한 개념으로, 많은 학교가 서류심사와 면접전형을 중시합니다. 졸업을 위해서는 평균 800시간 정도의 수업을 이수해야 하며, 이수 시간에 따라 전문사와 고도전문사 학위를 받을 수 있습니다.

〈대학 관련 기본 단어〉

학과	学科	전공	専攻
필수과목	必修科目	교양과목	教養科目
강의계획	シラバス	수강신청	履修登録
시간표	時間割	~교시	~限
세미나	ゼミ	리포트	レポート

11

はを みがいたあとで、
ごはんを たべます。
이를 닦은 후에, 밥을 먹어요.

미리 들어볼까요?

🎧 Track 11-01

수경이와 미호가 양치와 식사 순서에 대하여 대화하고 있습니다.

오늘의 목표

이번 강에서는 동작의 순서에 대해 묻고 답하는 표현을 알아봅시다.

きょうのひょうげん

🎧 Track 11-02

01

· ~하고 나서　　　　　**동사의 て형 + から**

동사의 て형에 「から」를 붙여 '~하고 나서'라는 동작의 순서를 나타내는 표현입니다.

얼굴을 씻고 나서, 샤워를 해요.

かおを あらってから、シャワーを あびます。

샤워를 하고 나서, 얼굴을 씻어요.

シャワーを あびてから、かおを あらいます。

이를 닦고 나서, 밥을 먹어요.

はを みがいてから、ごはんを たべます。

밥을 먹고 나서, 이를 닦아요.

ごはんを たべてから、はを みがきます。

여기서 나오는 「から」는 이유/원인을 나타내는 「から(때문에)」와는 전혀 관련이 없습니다.

일본어로 '샤워를 하다'는 한국어를 그대로 직역해서 「シャワーを する」라고 말할 수 없습니다. 대신에 '머리에서부터 뒤집어 쓰다'라는 뜻의 「あびる」를 사용하여 반드시 「シャワーを あびる」라고 말해야 합니다.

シャワー [샤와ー]

· **かお** 얼굴

· **あらう** 씻다

· **シャワーを あびる** 샤워를 하다

· **は** 이

· **みがく** 닦다

· **ごはん** 밥

· **たべる** 먹다

02

동사의 **た**형

동작의 순서를 나타내는 또 하나의 표현을 만들기 위해서는 동사의 た 형을 알아야 합니다.

동사의 た형은 동사의 과거 표현으로, 한국어로 '~했다/했어'라고 해석 하면 됩니다. 동사의 た형은 활용법이 て형과 완전히 같기 때문에, て 형과 마찬가지로 동사의 그룹과 동사의 맨 마지막에 어떤 히라가나가 오 느냐에 따라 형태가 여러 가지로 바뀝니다.

❶ **1그룹 동사의 た형**

가장 복잡한 1그룹 동사는 다음과 같이 네 가지 방법으로 나누어 만듭 니다.

① **う・つ・る → った**

「う・つ・る」와 같이 동글동글하게 생긴 히라가나의 경우에는 「う・つ ・る」부분을 촉음인 「っ」로 바꾸고 「た」를 붙여 「った」로 만듭니다.

② **ぬ・む・ぶ → んだ**

「ぬ・む・ぶ」와 같이 꼬불꼬불하게 생긴 히라가나의 경우에는 「ぬ・む ・ぶ」부분을 발음인 「ん」으로 바꾸고 「だ」를 붙여 「んだ」로 만듭니다.

③ **く・ぐ → いた・いだ**

「く・ぐ」와 같이 부등호처럼 생긴 히라가나의 경우에는 「く・ぐ」부분을 「い」로 바꾸고 각각 「た」와 「だ」를 붙여 「いた」와 「いだ」로 만듭니다.

④ **す → した**

「す」의 경우에는 「す」부분을 「し」로 바꾸고 「た」를 붙여 「した」와 같이 만듭 니다.

TIP

て형과 똑같이 변형시킨 후 「て」 대신에 「た」를 넣는다고 생각해도 됩니다.

TIP

て형과 마찬가지로 동사를 た형으로 바꾸는 방법은 여러 가지이므로 잘 알아두세요.

きょうのひょうげん

① う・つ・る → った

만나다	あう	기다리다	まつ	타다	のる
만났어	あった	**기다**렸어	まった	**탔**어	のった

② ぬ・む・ぶ → んだ

죽다	しぬ	놀다	あそぶ	읽다	よむ
죽었어	しんだ	**놀**았어	あそんだ	**읽**었어	よんだ

③ く・ぐ → いた・いだ

쓰다	かく		수영하다		およぐ
썼어	かいた		**수영**했어		およいだ

④ す → した

이야기하다		はなす	
이야기했어		はなした	

TIP

「いく(가다)」의 경우에는 「いた」가 아니라 「った」로 바꾸어야 합니다.

가다   **いく**
갔어   **いった**

TIP

「ぬ」, 「む」, 「ぶ」와 「ぐ」는 「た」가 아닌 「だ」로 바뀐다는 것에 주의해 주세요.

② **2그룹 동사의 た형:「る」→ 삭제**
　「る」를 삭제하고「た」를 붙이면 됩니다.

먹다	たべる		자다	ねる
먹었어	たべた		**잤**어	ねた

③ **3그룹 동사의 た형: 불규칙 동사**라 그대로 외워야 합니다.

오다	くる		하다	する
왔어	きた		**했**어	した

03

・~한 후에 　　　　**동사의 た형 + あとで**

동사의 た형에 '~후에'라는 뜻의 「あとで」를 붙여 '~한 후에'라는 동작의 순서를 나타내는 표현입니다.

얼굴을 씻은 후에, 샤워를 해요.
かおを あらったあとで、シャワーを あびます。

샤워를 한 후에, 얼굴을 씻어요.
シャワーを あびたあとで、かおを あらいます。

이를 닦은 후에, 밥을 먹어요.
はを みがいたあとで、ごはんを たべます。

밥을 먹은 후에, 이를 닦아요.
ごはんを たべたあとで、はを みがきます。

04

・~하고 나서, ~해요? **동사의 て형 + から、동사의 ます형 + ますか。**
・~한 후에, ~해요? **동사의 た형 + あとで、동사의 ます형 + ますか。**

앞서 배운 표현과 문장 끝에 조사 「~か」를 붙여서 동작의 순서를 질문할 수 있습니다.

얼굴을 씻고 나서, 샤워를 해요?
かおを あらってから、シャワーを あびますか。

밥을 먹은 후에, 이를 닦아요?
ごはんを たべたあとで、はを みがきますか。

・**かお** 얼굴
・**あらう** 씻다
・**シャワーを あびる**
　샤워를 하다
・**は** 이
・**みがく** 닦다
・**ごはん** 밥
・**たべる** 먹다

05

> · ~하고 나서, ~해요? 그렇지 않으면, ~하고 나서, ~해요?
>
> **동사의 て형 + から、동사의 ます형 + ますか。**
> **それとも、동사의 て형 + から、동사의 ます형 + ますか。**
>
> · ~한 후에, ~해요? 그렇지 않으면, ~한 후에, ~해요?
>
> **동사의 た형 + あとで、동사의 ます형 + ますか。**
> **それとも、동사의 た형 + あとで、동사의 ます형 + ますか。**

앞서 배운 표현 사이에 '그렇지 않으면', '아니면'이란 뜻의 「それとも」를 붙여서 두 가지 동작 중 어느 것을 먼저 하는지 질문할 수 있습니다.

얼굴을 씻고 나서, 샤워를 해요? 그렇지 않으면, 샤워를 하고 나서, 얼굴을 씻어요?
かおを あらってから、シャワーを あびますか。
それとも、シャワーを あびてから、かおを あらいますか。

샤워를 한 후에, 얼굴을 씻어요? 그렇지 않으면, 얼굴을 씻은 후에, 샤워를 해요?
シャワーを あびたあとで、かおを あらいますか。
それとも、かおを あらったあとで、シャワーを あびますか。

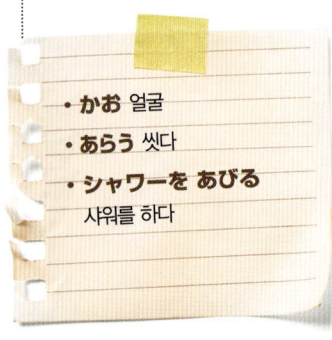

- **かお** 얼굴
- **あらう** 씻다
- **シャワーを あびる** 샤워를 하다

きょうの ポイント 오늘의 포인트

1 두 가지 동작의 순서 표현의 차이점

「~てから」와「~たあとで」는 모두 두 가지 동작에 대한 순서, 즉 시간적 전후 관계를 나타냅니다.

~てから	~たあとで
다음 동작 바로/즉시	다음 동작이 언제인지 불확실

앞 동작 후 바로 다음 동작을 한다고 말하고 싶을 때는「~てから」를, 앞 동작 후 언제인지 불확실하지만 다음 동작을 한다고 말하고 싶을 때는「~たあとで」를 사용하는 것이 좋습니다.

머리를 감고 나서, (바로)얼굴을 씻어요.   かみを あらってから、かおを あらいます.
머리를 감은 후에, 얼굴을 씻어요.   かみを あらったあとで、かおを あらいます.

이를 닦고 나서, (바로)밥을 먹어요.   はを みがいてから、ごはんを たべます.
이를 닦은 후에, 밥을 먹어요.   はを みがいたあとで、ごはんを たべます.

영화를 보고 나서, (바로)식사를 해요.   えいがを みてから、しょくじを します.
영화를 본 후에, 식사를 해요.   えいがを みたあとで、しょくじを します.

책을 읽고 나서, (바로)자요.   ほんを よんでから、ねます.
책을 읽은 후에, 자요.   ほんを よんだあとで、ねます.

또한 다음과 같이 일반적으로 순서가 정해져 있는 일의 경우에는「~てから」를 사용하는 것이 좋습니다.

스트레칭을 하고 나서, 운동을 해요.   ストレッチを してから、うんどうを します.
티켓을 사고 나서, 입장해요.   チケットを かってから、にゅうじょうします.
선생님이 오고 나서, 수업을 시작해요.   せんせいが きてから、じゅぎょうを はじめます.

れんしゅう

☑ **다음 빈칸에 한국어를 일본어로 바꾸어 써 보세요.**

1 동사의 て형, た형을 사용하여 동작의 순서 표현을 써 보세요.

> **Hint** 이는 | ~을/를 ~を | 닦다 みがく | 밥 ごはん | 먹다 たべる |
> 얼굴 かお | 씻다 あらう | 샤워를 하다 シャワーを あびる

1 이를 닦고 나서, 밥을 먹어요. → _____

2 이를 닦은 후에, 밥을 먹어요. → _____

3 밥을 먹고 나서, 이를 닦아요. → _____

4 밥을 먹은 후에, 이를 닦아요. → _____

5 얼굴을 씻고 나서, 샤워를 해요. → _____

6 얼굴을 씻은 후에, 샤워를 해요. → _____

2 묻고 답해 보세요.

> **Hint** 머리를 감다 かみを あらう | 얼굴을 씻다 かおを あらう

1 A: 밥을 먹고 나서, 이를 닦아요? 그렇지 않으면, 이를 닦고 나서, 밥을 먹어요?

→ _____

B: 밥을 먹고 나서, 이를 닦아요.

→ _____

2 A: 머리를 감은 후에, 얼굴을 씻어요? 그렇지 않으면, 얼굴을 씻은 후에, 머리를 감아요?

→ _____

B: 머리를 감은 후에, 얼굴을 씻어요.

→ _____

말해 봅시다

やって みよう

» 수경이와 미호가 양치와 식사 순서에 대하여 대화하고 있습니다.

미호	① 저기, 수경 씨는
	② 이를 닦고 나서, 밥을 먹어요?
	③ 그렇지 않으면, 밥을 먹고 나서, 이를 닦아요?
수경	④ 음……, 밥을 먹고 나서, 이를 닦아요.
	⑤ 미호 씨는요?
미호	⑥ 저는 이를 닦은 후에, 밥을 먹어요.
수경	⑦ 그래요?

～～～～～～～～～～～～～～

みほ　　❶ あの、スギョンさんは

　　　　❷ はを みがいてから、ごはんを たべますか。

　　　　❸ それとも、ごはんを たべてから、はを みがきますか。

スギョン　❹ ええと、ごはんを たべてから、はを みがきます。

　　　　❺ みほさんは？

みほ　　❻ わたしは はを みがいたあとで、ごはんを たべます。

スギョン　❼ そうですか。

Word　**あの** 저기　│　**は** 이　│　**～を** ~을/를　│　**みがく** 닦다　│　**ごはん** 밥　│　**たべる** 먹다　│　**ええと** 음……, 저어(생각할 때 내는 소리)　│　**わたし** 저, 나

씻는 것과 관련된 표현

일본어로 씻는 것을 어떻게 표현하는지 알아봅시다.

シャワーを 浴びる 샤워를 하다	お風呂に 入る 목욕을 하다
髪を 洗う 머리를 감다	リンスを する 린스를 하다
メイクを 落とす 화장을 지우다	顔を 洗う 얼굴을 씻다(세수를 하다)
歯を 磨く 이를 닦다	湯船に 浸かる 욕조에 몸을 담그다

또 세안제품이나 욕실용품에는 어떤 것들이 있는지 알아봅시다.

ボディシャンプー 보디샴푸	ボディタオル 보디타월
シャンプー 샴푸	リンス 린스
コンディショナー 컨디셔너	入浴剤 입욕제
泡立てボール 샤워볼	石けん 비누
歯磨き粉 치약	歯ブラシ 칫솔
洗顔フォーム 클렌징폼	タオル 수건, 타월

12

すもうを みた ことが ありますか。

스모를 본 적이 있어요?

🎧 Track 12-01

미리 들어볼까요?

기무라와 수경이가 스모와 축제에 대하여 대화하고 있습니다.

スギョンさん、すもうを みた ことが ありますか。

네, 있어요.

오늘의 목표

이번 강에서는 경험에 대해 묻고 답하는 표현을 알아봅시다.

きょうのひょうげん

🎧 Track 12-02

・〜한 적이 있어요.	**동사의 た형 + ことが あります。**

동사의 た형에 '〜저이 있다'는 뜻의 「〜ことが ある」를 붙여 경험이 있다는 것을 나타내는 표현입니다. 정중한 표현은 「〜た ことが あります」입니다.

디즈니랜드에 간 적이 있어요.
ディズニーランドへ いった ことが あります。

후지산에 올라간 적이 있어요.
ふじさんに のぼった ことが あります。

스모를 본 적이 있어요.
すもうを みた ことが あります。

축제에 참가한 적이 있어요.
まつりに さんかした ことが あります。

동사의 た형은 11강을 참고해 주세요.

동사 「いく」를 た형으로 활용할 때는 주의해 주세요.

발음 클리닉

すもう [스모─]
まつり [마쯔리]
さんか [상까]

- **ディズニーランド** ・**すもう**
  디즈니랜드   스모(일본의 씨름)
- **〜へ** 〜에(방향) ・**みる** 보다
- **いく** 가다   ・**まつり** 축제
- **ふじさん**   ・**さんかする**
  후지산   참가하다
- **〜に** 〜에
- **のぼる**
  올라가다

106

02

·~한 적은 없어요.　　　**동사의 た형 + ことは ないです。**

동사의 た형에 '~적은 없다'는 뜻의「~ことは ない」를 붙여 경험이 없다는 것을 나타내는 표현입니다. 정중한 표현은「~た ことは ないです」입니다.

디즈니랜드에 간 적은 없어요.
ディズニーランドへ いった ことは ないです。

후지산에 올라간 적은 없어요.
ふじさんに のぼった ことは ないです。

스모를 본 적은 없어요.
すもうを みた ことは ないです。

축제에 참가한 적은 없어요.
まつりに さんかした ことは ないです。

TIP

경험이 없다고 말할 때는「ことが」보다는「ことは」쪽을 사용하는 것이 자연스럽습니다.

TIP

정중한 표현은「~た ことは ありません」을 사용해도 됩니다.

03

> · ~한 적이 있어요? **동사의 た형 + ことが ありますか。**
> · ~한 적은 없어요? **동사의 た형 + ことは ないですか。**

앞서 배운 표현에 조사 「~か」를 붙여서 경험의 유무에 대해서 질문할 수 있습니다.

디즈니랜드에 간 적이 있어요?

ディズニーランドへ いった ことが ありますか。

- 네, 있어요.
- はい、あります。

- 네, 간 적이 있어요.
- はい、いった ことが あります。

- 아니요, 없어요.
- いいえ、ないです。

- 아니요, 간 적은 없어요.
- いいえ、いった ことは ないです。

후지산에 올라간 적은 없어요?

ふじさんに のぼった ことは ないですか。

- 네, 없어요.
- はい、ないです。

- 네, 올라간 적은 없어요.
- はい、のぼった ことは ないです。

- 아니요, 있어요.
- いいえ、あります。

- 아니요, 올라간 적이 있어요.
- いいえ、のぼった ことが あります。

TIP

우리말과 똑같이 강조해서 말하거나 질문할 때는 「~た ことは ありますか」라고 조사 「~は」를 사용할 수도 있습니다.

TIP

아직 경험은 없지만 앞으로 할 의향이 있다는 뉘앙스로 말하고 싶을 때는 「いいえ、まだです(아니요, 아직이요)」와 같이 말할 수도 있습니다.

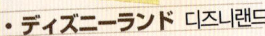

- **ディズニーランド** 디즈니랜드
- **~へ** 에(방향)
- **いく** 가다
- **ふじさん** 후지산
- **~に** ~에
- **のぼる** 올라가다

きょうの ポイント

1 「～ことが あります」와 「～ことは ないです」의 또 다른 사용법

「～ことが あります」와 「～ことは ないです」는 동사의 た형과 함께 사용하면 경험을 나타내는 표현이 되지만, 동사의 기본형과 함께 사용하면 다음과 같이 '경우/가능성'과 '필요성'을 나타내는 표현이 됩니다.

동사의 기본형 + ことが あります。	～하는 경우가 있어요.
동사의 기본형 + ことは ないです。	～할 필요는 없어요.

〈경우/가능성〉 ～하는 경우가 있어요.

디즈니랜드에 가는 경우가 있어요.　　ディズニーランドへ いく ことが あります。
후지산에 올라가는 경우가 있어요.　　ふじさんに のぼる ことが あります。
스모를 보는 경우가 있어요.　　すもうを みる ことが あります。
축제에 참가하는 경우가 있어요.　　まつりに さんかする ことが あります。

〈필요성〉 ～할 필요는 없어요.

디즈니랜드에 갈 필요는 없어요.　　ディズニーランドへ いく ことは ないです。
후지산에 올라갈 필요는 없어요.　　ふじさんに のぼる ことは ないです。
스모를 볼 필요는 없어요.　　すもうを みる ことは ないです。
축제에 참가할 필요는 없어요.　　まつりに さんかする ことは ないです。

れんしゅう

☑️ **다음 빈칸에 한국어를 일본어로 바꾸어 써 보세요.**

1   동사의 た형을 사용해서 경험 표현을 써 보세요.

> **Hint** 스모 **すもう** | ~을/를 **~を** | 보다 **みる** | 축제 **まつり** | ~에 **~に** |
> 참가하다 **さんかする** | 디즈니랜드 **ディズニーランド** | ~에(방향) **~へ** | 가다 **いく**

① 스모를 본 적이 있어요.　　　　→ _____

② 스모를 본 적은 없어요.　　　　→ _____

③ 축제에 참가한 적이 있어요.　　→ _____

④ 축제에 참가한 적은 없어요.　　→ _____

⑤ 디즈니랜드에 간 적이 있어요.　→ _____

⑥ 디즈니랜드에 간 적은 없어요.　→ _____

2   묻고 답해 보세요.

> **Hint** 축제 **まつり** | ~에 **~に** | 참가하다 **さんかする** | 후지산 **ふじさん** |
> 올라가다 **のぼる**

① A: 축제에 참가한 적이 있어요?　→ _____

　 B: 아니요, 없어요.　　　　　　　→ _____

② A: 후지산에 올라간 적은 없어요? → _____

　 B: 네, 없어요.　　　　　　　　　→ _____

📢 말해 봅시다

やって みよう

» 기무라와 수경이가 스모와 축제에 대하여 대화하고 있습니다.

기무라	❶ 수경 씨, 스모를 본 적이 있어요?
수경	❷ 네, 있어요.
기무라	❸ 그럼, 축제에 참가한 적은 있어요?
수경	❹ 아니요, 없어요.
기무라	❺ 그래요?
	❻ 다음 번에 같이 가지 않을래요?
수경	❼ 좋아요! 꼭 가고 싶어요!

〜〜〜〜〜〜〜〜〜〜〜〜〜〜〜〜〜〜〜〜〜〜〜

きむら　❶ スギョンさん、すもうを みた ことが ありますか。

スギョン　❷ はい、あります。

きむら　❸ じゃ、まつりに さんかした ことは ありますか。

スギョン　❹ いいえ、ないです。

きむら　❺ そうですか。

　　　　　❻ こんど いっしょに いきませんか。

スギョン　❼ いいですね! ぜひ いきたいです!

Word　**すもう** 스모　|　**〜を** 〜을/를　|　**みる** 보다　|　**まつり** 축제　|　**〜に** 〜에　|
さんかする 참가하다　|　**こんど** 다음 번에　|　**いっしょに** 같이, 함께　|　**いく** 가다　|　**ぜひ** 꼭

스모

「相撲」는 일본 전통 스포츠로 한국의 씨름과 비슷한 형태를 가지고 있습니다. 두 사람이 서로를 맞잡고 넘어뜨리거나 씨름판 밖으로 밀어내는 경기입니다.

씨름대회를 「大相撲」라고 하는데 「行司」가 시합을 진행하며 승패를 결정합니다. 「土俵」라고 하는 둥근 씨름판 위에서 씨름꾼인 「力士」는 시합을 시작하기 전에 양쪽 다리를 번갈아 옆으로 올렸다가 내딛는 「しこ」라는 독특한 행위를 합니다. 시합이 진행된 후 심판에 따라 승패가 갈리는데, 이때 「力士」는 이기든 지든 감정을 드러내면 안 된다고 합니다.

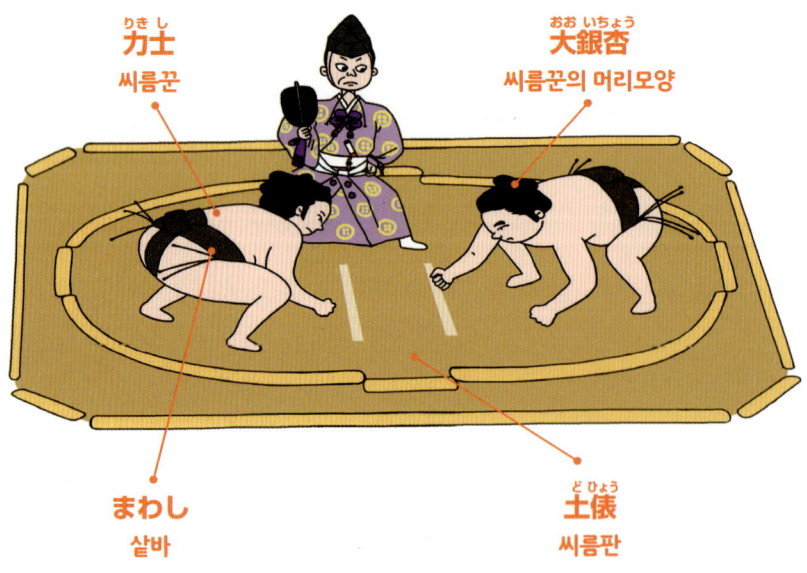

力士
씨름꾼

大銀杏
씨름꾼의 머리모양

まわし
샅바

土俵
씨름판

「力士」에는 성적에 따른 주요 계급이 있는데 이 계급의 일람표를 「番付け」라고 합니다. 가장 높은 계급은 「横綱」이며 그 아래로는 순서대로 「大関」, 「関脇」, 「小結」 등이 있습니다.

13

ぐっすり ねた ほうが いいですね。

푹 자는 편이 좋겠네요.

미리 들어볼까요?

🎧 Track 13-01

수경이가 감기에 걸린 미호에게 조언을 하고 있습니다.

じゃ、ぐっすり
ねた ほうが いいですね。

알겠어요. 고마워요.

오늘의 목표

이번 강에서는 조언과 충고에 대해 묻고 답하는 표현을 알아봅시다.

きょうのひょうげん

🎧 Track 13-02

> ・~하는 편이 좋아요. **동사의 た형 + ほうが いいです。**

동사의 た형에 '~편이 좋다'라는 뜻을 가진 「~ほうが いい」를 붙여 조언과 충고를 나타내는 표현입니다. 정중한 표현은 「~た ほうが いい です」입니다.

병원에 가는 편이 좋아요.
びょういんへ いった ほうが いいです。

푹 자는 편이 좋아요.
ぐっすり ねた ほうが いいです。

옷을 껴입는 편이 좋아요.
あつぎを した ほうが いいです。

약을 먹는 편이 좋아요.
くすりを のんだ ほうが いいです。

푹 쉬는 편이 좋아요.
ゆっくり やすんだ ほうが いいです。

TIP

동사의 ない형을 사용한 「~ない ほうが いいです(~하지 않는 편이 좋아요)」라는 정중한 조언 표현도 있습니다.

TIP

「ぐっすり」와 「ゆっくり」는 둘 다 '푹'이란 뜻을 가지고 있지만, 함께 사용할 수 있는 동사가 정해져 있습니다. 「ぐっすり」는 「ねる(자다)」와, 「ゆっくり」는 「やすむ(쉬다)」와 함께 사용해야 합니다.

발음 클리닉

ぐっすり [굿쓰리]
ゆっくり [육끄리]

- **びょういん** 병원
- **~へ** ~에(방향)
- **いく** 가다
- **ぐっすり ねる** 푹 자다
- **あつぎを する** 옷을 껴입다
- **くすりを のむ** 약을 먹다
- **ゆっくり やすむ** 푹 쉬다

- 무슨 일이에요? **どうしたんですか。**
- ~해요/~이에요. **동사/형용사 + んです。**
- ~하는 편이 좋아요. **동사의 た형 + ほうが いいです。**

「どうしたんですか」로 상대방의 상태를 물었을 때, 그에 대한 대답으로 「~んです」라고 말할 수 있습니다. 그때 「~た ほうが いいです」를 사용하여 조언을 할 수 있습니다.

무슨 일이에요? どうしたんですか。
- 감기에 걸렸어요. -かぜを ひいたんです。
푹 쉬는 편이 좋아요. ゆっくり やすんだ ほうが いいです。

무슨 일이에요? どうしたんですか。
- 추워요. -さむいんです。
옷을 껴입는 편이 좋아요. あつぎを した ほうが いいです。

발음 클리닉

かぜ [카제(ze)]

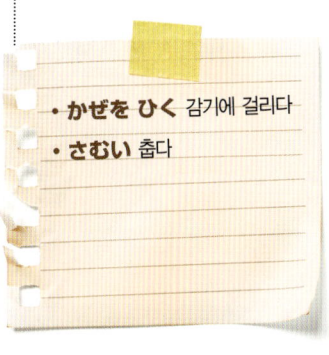

- **かぜを ひく** 감기에 걸리다
- **さむい** 춥다

きょうの ポイント 오늘의 포인트

1 「~ほうが いいです」의 또 다른 사용법

「~ほうが いいです」는 동사의 た형과 함께 사용하면 '충고/조언'을 나타내는 표현이 되지만, 그 밖에도 두 가지 사용법을 가지고 있습니다.

(1) 동사의 기본형 + ほうが いいです : ~하는 편이 좋아요

「~ほうが いいです」는 동사의 기본형과 함께 사용하면 '일반적인 상식' 또는 '선택'을 나타내는 표현이 됩니다. 예를 들어 「びょういんへ いく ほうが いいです」와 같이 사용하면, '(감기에 걸렸으면) 병원에 가는 편이 좋아요'라는 상식적인 의미가 됩니다. 또한 '(병원에 가는 것과 푹 쉬는 것 둘 중에) 병원에 가는 것이 좋아요' 라는 선택의 의미도 됩니다.

(감기에 걸렸으면 → 푹 쉬는 것과 병원 가는 것 중) 병원에 가는 편이 좋아요.
びょういんへ いく ほうが いいです。

(졸리면 → 조는 것과 푹 자는 것 중) 푹 자는 편이 좋아요.
ぐっすり ねる ほうが いいです。

(추우면 → 손난로를 지니는 것과 옷을 껴입는 것 중) 옷을 껴입는 편이 좋아요.
あつぎを する ほうが いいです。

(아프면 → 사우나를 하는 것과 약을 먹는 것 중) 약을 먹는 편이 좋아요.
くすりを のむ ほうが いいです。

(피곤하면 → 피로회복제를 먹는 것과 푹 쉬는 것 중) 푹 쉬는 편이 좋아요.
ゆっくり やすむ ほうが いいです。

(2) 명사＋の ほうが いいです: ～쪽이 좋아요

「～の ほうが いいです」는 명사와 함께 사용하면 '선택(취향)'을 나타내는 표현이 됩니다. 예를 들어「あきの ほうが いいです」와 같이 사용하면, '(계절 중에) 가을 쪽이 좋아요'라는 의미나 '(어떤 것을 하기 위해 계절 중 하나를 고르라고 한다면) 가을 쪽이 좋아요'라는 의미가 됩니다.

봄 쪽이 좋아요.	はるの ほうが いいです。
여름 쪽이 좋아요.	なつの ほうが いいです。
가을 쪽이 좋아요.	あきの ほうが いいです。
겨울 쪽이 좋아요.	ふゆの ほうが いいです。

동사의 기본형과 명사에「～ほうが いいです」를 붙이면, 여러 가지 중에서 하나를 고른다기보다는 주로 두 가지 중 하나를 고르는 뉘앙스입니다.

れんしゅう

☑ **다음 빈칸에 한국어를 일본어로 바꾸어 써 보세요.**

1 동사의 た형을 사용해서 조언과 충고 표현을 써 보세요.

> **Hint** 약을 먹다 **くすりを のむ** | 푹 자다 **ぐっすり ねる** | 옷을 껴입다 **あつぎを する** |
> 푹 쉬다 **ゆっくり やすむ** | 병원 **びょういん** | ~에 **~へ** | 가다 **いく**

① 약을 먹는 편이 좋아요. → _____

② 푹 자는 편이 좋아요. → _____

③ 옷을 껴입는 편이 좋아요. → _____

④ 푹 쉬는 편이 좋아요. → _____

⑤ 병원에 가는 편이 좋아요. → _____

2 묻고 답해 보세요.

> **Hint** 감기에 걸리다 **かぜを ひく** | 약을 먹다 **くすりを のむ** | 푹 자다 **ぐっすり ねる**

① A: 무슨 일이에요? → _____

   B: 감기에 걸렸어요. → _____

   A: 약을 먹는 편이 좋아요. → _____

② A: 무슨 일이에요? → _____

   B: 감기에 걸렸어요. → _____

   A: 푹 자는 편이 좋아요. → _____

📢 말해 봅시다

やって みよう

» 수경이가 감기에 걸린 미호에게 조언을 하고 있습니다.

수경	❶ 미호 씨, 무슨 일이에요?
미호	❷ 감기에 걸렸어요.
수경	❸ 괜찮아요?
	❹ 약을 먹는 편이 좋아요.
미호	❺ 이미 먹었어요.
수경	❻ 그럼, 푹 자는 편이 좋겠네요.
미호	❼ 알겠어요. 고마워요.

〜〜〜〜〜〜〜〜〜〜〜〜〜〜

スギョン ❶ みほさん、どうしたんですか。

みほ ❷ かぜを ひいたんです。

スギョン ❸ だいじょうぶですか。

❹ くすりを のんだ ほうが いいですよ。

みほ ❺ もう のみました。

スギョン ❻ じゃ、ぐっすり ねた ほうが いいですね。

みほ ❼ わかりました。ありがとうございます。

Word　**かぜを ひく** 감기에 걸리다　|　**だいじょうぶだ** 괜찮다　|　**くすりを のむ** 약을 먹다　|
もう 이미, 벌써　|　**じゃ** 그럼　|　**ぐっすり ねる** 푹 자다

일본의 약국

앞에서 병원의 이용 방법에 대해서 배웠습니다. 약을 구입해야 할 때에는 어디로 가야 할까요? 일본은 약국에 해당하는 단어가 세 가지가 있습니다. 그 차이에 대해 알아봅시다.

▶ 薬局(やっきょく)

약을 조제하는 조제실이 있는 곳으로, 약사가 상주하고 있으며 의사로부터 처방을 받으면 약을 조제해 줍니다. 의료용 약품과 일반의약품 양쪽을 다 취급합니다. 간판에 「処方(しょほう)せん(처방전)」이라고 쓰여 있어 다른 약국과 구별하기 쉽습니다.

▶ 薬店(やくてん)

일반의약품을 취급하고 의료용 약품은 취급하지 않는 곳으로, 조제실이나 상주 약사가 없습니다.

▶ ドラッグストア

일반의약품 외의 일용잡화부터 화장품, 식료품 등도 함께 취급하는 곳입니다. 요새는 조제실과 약사가 있는 곳도 늘고 있는 추세입니다.

14

りょこうに いったり、 バイトを したり しました。

여행을 가거나, 알바를 하거나 했어요.

미리 들어볼까요?

🎧 Track 14-01

사토 씨와 수경이가 아르바이트에 대하여 대화하고 있습니다.

오늘의 목표

이번 강에서는 동작의 나열에 대해 묻고 답하는 표현을 알아봅시다.

きょうのひょうげん

01

🎧 Track 14-02

> · ~하거나, ~하거나 해요.　**동사의 た형 + り、**
> 　　　　　　　　　　　　　　**동사의 た형 + り します。**

동사의 た형에「~り、~り する」를 붙여, '~하거나 ~하거나 하다'라는
동작의 나열을 나타내는 표현입니다. 정중한 표현은「~たり、~たり
します」입니다.

여행을 가거나, 알바를 하거나 해요.
りょこうに いったり、バイトを したり します。

알바를 하거나, 여행을 가거나 해요.
バイトを したり、りょこうに いったり します。

한국어를 가르치거나, 통역을 하거나 해요.
かんこくごを おしえたり、つうやくを したり します。

통역을 하거나, 한국어를 가르치거나 해요.
つうやくを したり、かんこくごを おしえたり します。

TIP

한국어는 '여행을 가다'와 같
이 조사 '~을/를'을 사용하지
만, 일본어는 반드시 조사「~
に」를 써서「りょこうに い
く」라고 해야 합니다.

TIP

「バイト」는「アルバイト
(아르바이트)」의 준말로 한국
어의 '알바'에 해당한다고 생
각하면 됩니다.

발음 클리닉

りょこう [료꼬ー]
つうやく [츠(tsu)ー야꼬]

- **りょこうに いく** 여행을 가다
- **バイト** 알바(아르바이트의 준말)
- **する** 하다
- **かんこくご** 한국어
- **おしえる** 가르치다
- **つうやく** 통역

02

> · ~(에)는 뭘 해요?　　　**특정 기간 + 는 나니를 します까。**

특정 기간에 무엇을 할지 물을 수 있습니다.

여름 방학에는 뭘 해요?

なつやすみは なにを しますか。

- 여행을 가거나, 알바를 하거나 해요.

-りょこうに いったり、バイトを したり します。

겨울 방학에는 뭘 해요?

ふゆやすみは なにを しますか。

- 한국어를 가르치거나, 통역을 하거나 해요.

-かんこくごを おしえたり、つうやくを したり します。

주말에는 뭘 해요?

しゅうまつは なにを しますか。

- 알바를 하거나, 한국어를 가르치거나 해요.

-バイトを したり、かんこくごを おしえたり します。

금요일에는 뭘 해요?

きんようびは なにを しますか。

- 통역을 하거나, 알바를 하거나 해요.

-つうやくを したり、バイトを したり します。

발음 클리닉

しゅうまつ [슈ー마쯔]

- **なつやすみ**
  여름 방학/여름휴가
- **ふゆやすみ**
  겨울 방학/겨울휴가
- **しゅうまつ** 주말
- **きんようび** 금요일

きょうの ポイント 오늘의 포인트

1 「〜たり、〜たり します」의 또 다른 사용법 ①

(1) 〜たり、〜たり しました : 〜하거나, 〜하거나 했어요

「〜たり、〜たり します」의 마지막 「します」부분을 「しました」와 같이 바꾸면 과거에 했었던 동작들을 나열할 수 있습니다.

여행을 하거나, 알바를 하거나 했어요.
りょこうに いったり、バイトを したり しました。

알바를 하거나, 여행을 하거나 했어요.
バイトを したり、りょこうに いったり しました。

한국어를 가르치거나, 통역을 하거나 했어요.
かんこくごを おしえたり、つうやくを したり しました。

통역을 하거나, 한국어를 가르치거나 했어요.
つうやくを したり、かんこくごを おしえたり しました。

(2) ~たり します : ~하거나 해요

가벼운 회화체에서는 뒤의 「~たり します」부분만을 사용하여 말하기도 합니다. 예를 들어 「バイトを したり します」라고 하면 직접 언급하진 않지만, 아르바이트와 그 외의 일 등등을 한다는 뉘앙스가 됩니다.

여행을 가거나 해요.	りょこうに いったり します。
알바를 하거나 해요.	バイトを したり します。
한국어를 가르치거나 해요.	かんこくごを おしえたり します。
통역을 하거나 해요.	つうやくを したり します。

역시 「~たり しました」와 같이 과거형으로도 사용할 수 있습니다.

여행을 가거나 했어요.	りょこうに いったり しました。
알바를 하거나 했어요.	バイトを したり しました。
한국어를 가르치거나 했어요.	かんこくごを おしえたり しました。
통역을 하거나 했어요.	つうやくを したり しました。

れんしゅう

☑ 다음 빈칸에 한국어를 일본어로 바꾸어 써 보세요.

1 동사의 た형을 사용하여 동작의 나열 표현을 써 보세요.

> **Hint**
> 여행을 가다 **りょこうに いく** ｜ 알바 **バイト** ｜ ~을/를 **~を** ｜ 하다 **する** ｜
> 한국어 **かんこくご** ｜ 가르치다 **おしえる** ｜ 통역 **つうやく** ｜ 일본어 **にほんご**

① 여행을 가거나, 알바를 하거나 해요. → _____

② 한국어를 가르치거나, 통역을 하거나 해요. → _____

③ 알바를 하거나, 한국어를 가르치거나 해요. → _____

④ 일본어를 가르치거나, 여행을 가거나 했어요. → _____

⑤ 통역을 하거나, 일본어를 가르치거나 했어요. → _____

⑥ 알바를 하거나, 통역을 하거나 했어요. → _____

2 묻고 답해 보세요.

> **Hint**
> 겨울 방학 **ふゆやすみ** ｜ ~(에)는 **~は** ｜ 여행을 가다 **りょこうに いく** ｜
> 알바 **バイト** ｜ ~을/를 **~を** ｜ 하다 **する** ｜ 여름 방학 **なつやすみ** ｜ 통역 **つうやく**

① A: 겨울 방학에는 뭘 해요? → _____

　　 B: 여행을 가거나, 알바를 하거나 해요. → _____

② A: 여름 방학에는 뭘 해요? → _____

　　 B: 통역을 하거나 해요. → _____

📢 말해 봅시다

やって みよう

» 사토 씨와 수경이가 아르바이트에 대하여 대화하고 있습니다.

사토	❶ 수경 씨, 여름 방학에는 뭘 했어요?
수경	❷ 여행을 가거나, 알바를 하거나 했어요.
	❸ 오늘도 알바예요.
사토	❹ 그래요? 어떤 알바예요?
수경	❺ 한국어를 가르치거나, 통역을 하거나⋯⋯.
사토	❻ 굉장하네요~!
수경	❼ 그렇지 않아요.

〜〜〜〜〜〜〜〜〜〜〜〜〜

さとう　❶ スギョンさん、なつやすみは なにを しましたか。

スギョン　❷ りょこうに いったり、バイトを したり しました。

❸ きょうも バイトです。

さとう　❹ そうなんですか。どんな バイトですか。

スギョン　❺ かんこくごを おしえたり、つうやくを したり⋯⋯。

さとう　❻ すごいですねー!

スギョン　❼ そんな こと ないですよ。

Word　**なつやすみ** 여름 방학　|　**りょこうに いく** 여행을 가다　|　**バイト** 알바(아르바이트의 준말)　|
する 하다　|　**きょう** 오늘　|　**そうなんですか** 그래요?(そうですか의 강조 표현)　|　**どんな** 어떤　|
かんこくご 한국어　|　**おしえる** 가르치다　|　**つうやく** 통역　|　**すごい** 굉장하다　|
そんなことないです 그렇지 않아요(겸손하게 말하는 표현)

일본 대학생의 방학 생활

일본 대학교의 방학은 재학 기간의 반이라고 해도 과언이 아닐 정도로 꽤 긴 편입니다. 학교마다 차이는 있지만, 대략 여름 방학은 7월 중순부터 9월 말까지, 겨울 방학은 12월 말부터 1월 초까지 약 2주간 정도입니다. 짧은 겨울 방학이 끝나면 2~3주간 수업을 한 후, 2월 초부터 3월 말까지 약 2개월간 봄 방학이 있습니다. 이 기간 동안 일본의 대학생들은 어떤 일을 할까요?

▶ 운전면허 따기(運転免許を 取る)

운전면허는 보통 2개월 정도면 취득할 수 있는데, 방학 기간인 8~9월과 2~3월은 운전학원이 학생들로 매우 붐빕니다. 때문에 '면허합숙(免許合宿)'으로 저렴하게, 빨리 면허를 따려고 하는 학생들이 많습니다.

▶ 아르바이트(アルバイト)

대학생들이 자주 하는 아르바이트로는 한국과 비슷하게 주로 서비스업인 커피숍, 선술집, 음식점, 편의점 등이 있으며, 고액 아르바이트로는 학원강사나 과외 등이 있습니다.

▶ 동아리 활동이나 여행(部活・旅行)

방학 때는 본가로 돌아가는 학생들이 많기 때문에 실질적인 활동은 많다고 할 수는 없습니다. 대신 동아리 합숙 등의 여행이나, 개인적인 여행을 많이 갑니다.

▶ 인턴 또는 자격증 공부(インターン・資格勉強)

한국과 마찬가지로 취업을 위한 인턴이나 자격증 공부를 하는 경우도 있습니다. 자격증은 토익, 비즈니스 실무, 상업부기 등이 있지만, 취직을 할 때 자격증이 꼭 필요한 항목은 아니기 때문에 다수의 학생이 한다고는 볼 수 없습니다.

▶ 집에서 뒹굴뒹굴하며 아무것도 하지 않기(ごろごろ/だらだら)

특별한 활동 없이 집에서 게임을 하거나 아무것도 하지 않고 푹 쉬는 학생들도 많습니다.

15

さむかったり、あつかったり します。

춥기도 하고, 덥기도 해요.

미리 들어볼까요?

🎧 Track 15-01

수경이가 감기에 걸린 미호를 걱정하고 있습니다.

미호 씨, 감기는 어때요?

さむかったり、あつかったり します。

오늘의 목표

이번 강에서는 상태의 나열에 대해 묻고 답하는 표현을 알아봅시다.

きょうのひょうげん

형용사의 과거형

형용사의 과거형은 '~했어/~이었어'라는 뜻을 가지며 형용사의 어미(단어의 맨 마지막 글자)를 생략하고 각각 과거 표현을 추가합니다. 즉, い형용사는 「い」를 없애고 「かった」를, な형용사는 「だ」를 없애고 「だった」를 붙이면 됩니다.

품사	활용 방법	과거형
い형용사	い 생략	+ かった
な형용사	だ 생략	+ だった

추워 さむい   추웠어 さむかった
더워 あつい   더웠어 あつかった
바빠 いそがしい   바빴어 いそがしかった

한가해 ひまだ   한가했어 ひまだった
조용해 しずかだ   조용했어 しずかだった
번화해 にぎやかだ   번화했어 にぎやかだった

- **さむい** 춥다
- **あつい** 덥다
- **いそがしい** 바쁘다
- **ひまだ** 한가하다
- **しずかだ** 조용하다
- **にぎやかだ** 번화하다

・ ~하기도 하고, ~하기도 해요.　**형용사의 과거형 + り、**
　　　　　　　　　　　　　형용사의 과거형 + り します。

형용사의 과거형에 「~り、~り します」를 붙여, 상태를 나열할 때 사용하는 표현입니다.

춥기도 하고, 덥기도 해요.
さむかったり、あつかったり します。

덥기도 하고, 춥기도 해요.
あつかったり、さむかったり します。

바쁘기도 하고, 한가하기도 해요.
いそがしかったり、ひまだったり します。

한가하기도 하고, 바쁘기도 해요.
ひまだったり、いそがしかったり します。

조용하기도 하고, 번화하기도 해요.
しずかだったり、にぎやかだったり します。

번화하기도 하고, 조용하기도 해요.
にぎやかだったり、しずかだったり します。

발음 클리닉

いそが**しい** [이소가**시**ㅡ]

03

> · 어때요? **どうですか。**

「どうですか(어때요?)」를 사용하여 근황이나 상태를 물으면 앞에서 배운 표현으로 상태를 나열하며 대답할 수 있습니다.

어때요?
どうですか。

- 춥기도 하고, 덥기도 해요.
- さむかったり、あつかったり します。

어때요?
どうですか。

- 조용하기도 하고, 번화하기도 해요.
- しずかだったり、にぎやかだったり します。

요새는 어때요?
さいきんは どうですか。

- 한가하기도 하고, 바쁘기도 해요.
- ひまだったり、いそがしかったり します。

발음 클리닉

どうですか [도―데스까／]

• **さむい** 춥다
• **あつい** 덥다
• **しずかだ** 조용하다
• **にぎやかだ** 번화하다
• **さいきん** 요새, 최근
• **ひまだ** 한가하다
• **いそがしい** 바쁘다

きょうの ポイント 오늘의 포인트

1 「～たり、～たり します」의 또 다른 사용법 ②

「～たり、～たり する」는 기본 형태를 응용하여 사용할 수도 있습니다.

명사 + だったり して……。   ～(이)라거나……(그런 거 아니지?).

명사에 붙는 「～たり、～たり する」는 뒷부분의 동사 「する」를 て형으로 만들어 사용할 수도 있습니다. 주로 가능성이나 가정하는 것을 나타낼 수 있는데, 조금 소극적으로 가정하는 표현이기 때문에 강하게 주장할 때는 사용하지 않습니다.

애인이라거나……(그런 거 아니지?).	こいびとだったり して……。
부자라거나……(그런 거 아니지?).	おかねもちだったり して……。
범인이라거나……(그런 거 아니지?).	はんにんだったり して……。
거짓말이라거나……(그런 거 아니지?).	うそだったり して……。

명사뿐만 아니라 「さむかったり して……(추웠다거나……)」나 「すきだったり して……(좋아했다거나……)」와 같이 단어에 따라 형용사의 과거형에도 사용할 수 있는 경우가 있습니다.

れんしゅう

☑ 다음 빈칸에 한국어를 일본어로 바꾸어 써 보세요.

1 형용사의 과거형을 사용하여 상태의 나열 표현을 써 보세요.

> **Hint** 춥다 **さむい** ｜ 덥다 **あつい** ｜ 바쁘다 **いそがしい** ｜ 한가하다 **ひまだ** ｜
> 조용하다 **しずかだ** ｜ 번화하다 **にぎやかだ**

① 춥기도 하고, 덥기도 해요. → _____

② 덥기도 하고, 춥기도 해요. → _____

③ 바쁘기도 하고, 한가하기도 해요. → _____

④ 한가하기도 하고, 바쁘기도 해요. → _____

⑤ 조용하기도 하고, 번화하기도 해요. → _____

⑥ 번화하기도 하고, 조용하기도 해요. → _____

2 묻고 답해 보세요.

> **Hint** 요새 **さいきん** ｜ ~은/는 ~**は** ｜ 바쁘다 **いそがしい** ｜ 한가하다 **ひまだ** ｜
> 감기 **かぜ** ｜ 춥다 **さむい** ｜ 덥다 **あつい**

① A: 요새는 어때요? → _____

  B: 바쁘기도 하고, 한가하기도 해요. → _____

② A: 감기는 어때요? → _____

  B: 춥기도 하고, 덥기도 해요. → _____

📢 말해 봅시다

やって みよう

» 수경이가 감기에 걸린 미호를 걱정하고 있습니다.

수경	**1**	미호 씨, 감기는 어때요?
미호	**2**	춥기도 하고, 덥기도 해요.
수경	**3**	힘들겠네요…….
	4	요새 바빠요?
미호	**5**	바쁘기도 하고, 한가하기도 해요.
수경	**6**	그래요……? 너무 무리하지 마세요!
미호	**7**	네! 고마워요.

〜〜〜〜〜〜〜〜〜〜〜〜〜〜〜〜〜〜〜〜〜

スギョン **1** みほさん、かぜは どうですか。

みほ **2** さむかったり、あつかったり します。

スギョン **3** たいへんですね……。

4 さいきん、いそがしいですか。

みほ **5** いそがしかったり、ひまだったり します。

スギョン **6** そうですか……。あまり むりしないで くださいね!

みほ **7** はい! ありがとうございます。

Word **かぜ** 감기 | **さむい** 춥다 | **あつい** 덥다 | **たいへんだ** 힘들다, 큰일이다 |
さいきん 요새, 최근 | **いそがしい** 바쁘다 | **ひまだ** 한가하다 | **あまり** 너무 | **むりする** 무리하다

일본 사람들이 감기에 걸렸을 때

일본 사람들은 감기에 걸렸을 때 어떻게 할까요? 우리나라와 다른 독특한 민간요법에 관해 알아봅시다.

첫 번째로 달걀술(たまご酒)을 마시는 것입니다. 달걀술은 청주를 약한 불로 끓이다가 술이 끓으면 불을 끄고 달걀 한 개를 넣어 만든 술인데, 꿀이나 설탕을 넣어 섞습니다. 감기에 걸렸을 때 이 달걀술을 마시면 몸이 따뜻해지고 기운이 생기며 콧물 등에 큰 효과가 있다고 합니다.

두 번째로는 대파를 익힌 후에 수건이나 거즈 등으로 감싸서 돌돌 만 후 목에 메는 것입니다. 여기에 소금을 같이 볶기도 하는데, 상체의 체온을 높여 목감기에 좋은 방법이라고 합니다.

세 번째로는 생강차나 레몬차 같은 따뜻한 차를 마시는 것입니다. 특히 생강은 몸을 따뜻하게 하고 열을 내리게 하는데 효과적이라고 합니다.

그 밖에도 반신욕을 하거나 녹차로 양치를 하거나 「くずゆ」라고 하는 갈분탕이나 스포츠 드링크, 감기 예방 요거트를 마시는 것 등이 있습니다.

16

ヒーターは つけて ありますよ。

히터는 켜져 있어요.

미리 들어볼까요?

🎧 Track 16-01

수경이와 집주인 사토 아주머니가 방의 온도에 대하여 대화하고 있습니다.

오늘의 목표

이번 강에서는 인위적인 상태에 대해 묻고 답하는 표현을 알아봅시다.

きょうのひょうげん

🎧 Track 16-02

자동사와 타동사

자동사는 목적어를 필요로 하지 않는 동사로, 조사 '~이/가'와 함께 사용됩니다. 자동사의 예로는 '켜지다/꺼지다', '닫히다/열리다' 등이 있습니다. 반면 타동사는 목적어를 필요로 하는 동사로, 조사 '~을/를'과 함께 사용됩니다. 타동사의 예로는 '켜다/끄다', '닫다/열다' 등이 있습니다.

	목적어	사용 조사	예
자동사	불필요	~이/가	켜지다/꺼지다/열리다/닫히다
타동사	필요	~을/를	켜다/끄다/열다/닫다

❶ 자동사

히터가 켜지다.	ヒーターが つく。
불이 꺼지다.	でんきが きえる。
창문이 열리다.	まどが あく。
문이 닫히다.	ドアが しまる。

❷ 타동사

히터를 켜다.	ヒーターを つける。
불을 끄다.	でんきを けす。
창문을 열다.	まどを あける。
문을 닫다.	ドアを しめる。

TIP 목적어란 타동사 문장에서 동작의 대상이 되는 말을 가리킵니다. 예를 들면, '책을 읽다'의 '책을'이 목적어입니다.

TIP 자동사와 타동사 양쪽이 다 있는 경우도 있지만, 「よむ(읽다)」,「かく(쓰다)」,「のむ(마시다)」와 같이 타동사만 있는 동사도 있습니다.

TIP 「でんき」는 일반적으로 '전기'란 뜻이지만 '전깃불'의 의미로도 사용됩니다.

- **ヒーター** 히터
- **つく** 켜지다
- **でんき** (전깃)불
- **きえる** 꺼지다
- **まど** 창문
- **あく** 열리다
- **ドア** 문
- **しまる** 닫히다
- **つける** 켜다
- **けす** 끄다
- **あける** 열다
- **しめる** 닫다

· ~져 있어요.　　　　**타동사의 て형 +あります。**

타동사의 て형에 「ある」를 붙여 만드는 표현으로, 동작의 인위적인 상태를 나타내는 표현입니다. 어떠한 상태에 대해 '누군가에 의해서 인위적으로 그렇게 되어 있다'는 뉘앙스로 말하고 싶을 때 사용하는 표현으로, 정중한 표현은 「~て あります」입니다. 이 때 주의할 점은 조사는 반드시 「~が(~이/가)」와 함께 사용해야만 합니다.

히터가 켜져 있어요.	ヒーターが つけて あります。
불이 꺼져 있어요.	でんきが けして あります。
창문이 열려 있어요.	まどが あけて あります。
문이 닫혀 있어요.	ドアが しめて あります。

TIP

여기서의 「ある」는 무생물의 존재를 나타내는 '있다'와는 전혀 관계가 없습니다.

TIP

「~て ある」는 동작의 진행에 대한 표현은 할 수 없고 오직 상태만을 나타낼 수 있습니다.

TIP

일반적인 동작의 진행과 상태를 나타내는 표현은 「자동사의 て형+います」와 같이 만들고, '~고 있습니다'라고 해석합니다.

발음 클리닉

ヒーター [히-따-]
でんき [뎅끼]

03

・~은/는(요)? 　　　명사 + **は?**

뒷부분에 동사를 따로 말하지 않아도 명사에 조사「~は」만 붙이면 인위적인 상태에 대해 물어볼 수 있습니다. 존댓말과 반말 양쪽의 의미로 사용됩니다.

히터는(요)?	ヒーターは？
- 켜져 있어요.	-つけて あります。

불은(요)?	でんきは？
- 꺼져 있어요.	-けして あります。

문은(요)?	ドアは？
- 열려 있어요.	-あけて あります。

창문은(요)?	まどは？
- 닫혀 있어요.	-しめて あります。

발음 클리닉

~は?[와／]

- **ヒーター** 히터
- **つける** 켜다
- **でんき** (전지)불
- **けす** 끄다
- **ドア** 문
- **あける** 열다
- **まど** 창문
- **しめる** 닫다

きょうの ポイント 오늘의 포인트

1 인위적인 상태에 관련된 표현에 자주 사용하는 동사

おく 놓다, 두다　　**かく** 쓰다

한국어로 해석했을 때 조금 어색할 수는 있지만 자주 사용되는 동사이니 연습해 봅시다.

놓여져 있어요.	おいて あります。
쓰여져 있어요.	かいて あります。

이 두 동사의 경우 따로 자동사는 존재하지 않으며, 「～て います」와 함께 사용하면 상태가 아닌 동작의 진행이 됩니다.

놓고 있어요.	おいて います。
쓰고 있어요.	かいて います。

2 쌍을 이루는 자동사와 타동사

자동사와 타동사가 쌍으로 되어 있는 단어들과 상태 표현을 조금 더 익혀 봅시다.

자동사(일반적인 상태)		타동사(인위적인 상태)	
たつ 서다	たって います 서 있어요	たてる 세우다	たてて あります 세워져 있어요
おちる 떨어지다	おちて います 떨어져 있어요	おとす 떨어뜨리다	おとして あります 떨어뜨려져 있어요
はいる 들어가다/들어오다	はいって います 들어가 있어요 /들어와 있어요	いれる 넣다	いれて あります 넣어져 있어요
でる 나가다/나오다	でて います 나가 있어요 /나와 있어요	だす 내다/제출하다	だして あります 내어져 있어요 /제출돼 있어요

☑ 다음 빈칸에 한국어를 일본어로 바꾸어 써 보세요.

1 타동사의 て형을 사용하여 동작의 인위적인 상태 표현을 써 보세요.

> **Hint** 히터 ヒーター | 켜다 つける | 끄다 けす | 창문 まど | 열다 あける |
> 닫다 しめる | (전깃)불 でんき

① 히터가 켜져 있어요.　　→ _____

② 히터가 꺼져 있어요.　　→ _____

③ 창문이 열려 있어요.　　→ _____

④ 창문이 닫혀 있어요.　　→ _____

⑤ 불이 꺼져 있어요.　　→ _____

⑥ 불이 켜져 있어요.　　→ _____

2 묻고 답해 보세요.

> **Hint** 창문 まど | 닫다 しめる | 문 ドア | 열다 あける

① A: 창문은요?　　→ _____

　 B: 닫혀 있어요.　　→ _____

② A: 문은요?　　→ _____

　 B: 열려 있어요.　　→ _____

📢 말해 봅시다

やって みよう

» 수경이와 집주인 사토 아주머니가 방의 온도에 대하여 대화하고 있습니다.

수경	❶ 여기 춥네요.
사토	❷ 추워요?
	❸ 히터는 켜져 있어요.
수경	❹ 어, 그래요?
	❺ 문은요……?
사토	❻ 네, 닫혀 있어요.
수경	❼ 어머나, 창문이 열려 있네요.

〜〜〜〜〜〜〜〜〜〜〜〜〜〜〜〜

スギョン ❶ ここ さむいですね。

さとう ❷ さむいですか。

❸ ヒーターは つけて ありますよ。

スギョン ❹ え、そうですか。

❺ ドアは……？

さとう ❻ ええ、しめて あります。

スギョン ❼ あら、まどが あけて ありますね。

Word **ここ** 여기 ｜ **さむい** 춥다 ｜ **ヒーター** 히터 ｜ **つける** 켜다 ｜ **ドア** 문 ｜
しめる 닫다 ｜ **まど** 창문 ｜ **あける** 열다

일본의 냉난방 문화

일본의 애니메이션이나 드라마를 보면, 주인공이 이불이 씌워진 테이블 속에 들어가 귤을 먹거나 TV를 보는 장면 등을 자주 볼 수 있습니다. 이 테이블은「こたつ(고타쓰)」라고 하는 일본의 난방기구로, 이불 속에서 따뜻한 바람이 나오기 때문에, 그 안에 몸을 넣고 누워 있으면 몸이 데워지고 기분이 좋아져 깜박 잠드는 일도 많습니다.

일본은 실내전체의 온도를 높이는 것 대신 고타쓰나 스토브 등과 같은 난방기구를 사용해 가까운 곳에 있는 사람의 몸을 따뜻하게 해주는 부분적인 난방이 발달되어 있습니다.

일본에서 이렇게 부분적인 난방이 발달된 이유는 건축구조 때문입니다. 일본의 냉난방문화는 비교적 짧은 편으로, 현재처럼 에어컨 등의 냉난방기구가 없었던 시절에는 겨울보다는 여름을 먼저 생각했기 때문에 더위나 습기를 피하기 위해 탈부착이 가능한 창문을 집 사방에 만들어 바람이 잘 통하도록 설계했다고 합니다. 사방이 막혀 있지 않기 때문에 전체난방에는 많은 비용이 들었고, 그래서 전체난방보다는 부분난방을 하게 된 것입니다.

현대에 와서는 실내 전체를 시원하게 하거나 따뜻하게 하도록 에어컨을 설치해 여름에는 쿨러로, 겨울에는 히터로 사용하고 있습니다. 최근에는 한국의 온돌문화를 도입해「床暖房 (ゆかだんぼう)(바닥난방)라는 것을 설치한 집도 있다고 하지만, 익숙하지 않아 기존의 난방시스템을 원래대로 사용하기도 한다고 합니다.

17

たぶん くるでしょうね。
아마 오겠죠.

미리 들어볼까요?

🎧 Track 17-01

선배와 수경이가 모임에 누가 올지에 대하여 대화하고 있습니다.

> 수경 씨,
> 오늘 기무라 씨도 오죠?

> たぶん くるでしょうね。

오늘의 목표

이번 강에서는 추측에 대해 묻고 답하는 표현을 알아봅시다.

きょうのひょうげん

🎧 Track 17-02

01

· ~할 거야/~하겠지.	**동사 + だろう。**
· ~일 거야/~이겠지.	**い형용사 + だろう。**
· ~할 거야/~하겠지.	**な형용사 어간 + だろう。**
· ~일 거야/~이겠지.	**명사 + だろう。**

네 가지 품사에 「~だろう」를 붙여 반말로 추측을 나타내는 표현입니다. 동사, い형용사, 명사는 그대로, な형용사는 「だ」를 없애고 어간에 「~だろう」를 붙여 사용합니다.

올 거야/오겠지.	くるだろう。
바쁠 거야/바쁘겠지.	いそがしいだろう。
한가할 거야/한가하겠지.	ひまだろう。
고등학생일 거야/고등학생이겠지.	こうこうせいだろう。

TIP

상대방에게 확인 차 말할 때는 추측 표현 뒤에 「ね」를 붙여 「~だろうね」와 같이 말할 수도 있습니다.

발음 클리닉

だ**ろ**う [다로ー↘]

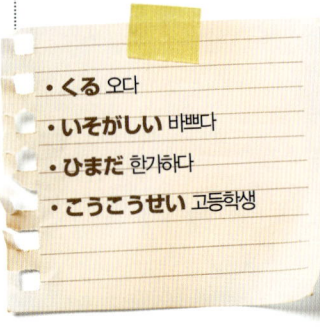

- **くる** 오다
- **いそがしい** 바쁘다
- **ひまだ** 한가하다
- **こうこうせい** 고등학생

02

· ~할 거예요/~하겠죠.	동사 + でしょう。
· ~일 거예요/~이겠죠.	い형용사 + でしょう。
· ~할 거예요/~하겠죠.	な형용사 어간 + でしょう。
· ~일 거예요/~이겠죠.	명사 + でしょう。

네 가지 품사에 「~でしょう」를 붙여 정중하게 추측을 나타내는 표현입니다. 동사, い형용사, 명사는 그대로, な형용사는 「だ」를 없애고 어간에 「~でしょう」를 붙여 사용합니다.

올 거예요/오겠죠.	くるでしょう。
바쁠 거예요/바쁘겠죠.	いそがしいでしょう。
한가할 거예요/한가하겠죠.	ひまでしょう。
고등학생일 거예요/고등학생이겠죠.	こうこうせいでしょう。

TIP

역시 상대방에게 확인 차 말할 때 추측 표현 뒤에 「ね」를 붙여 「~でしょうね」와 같이 말할 수도 있습니다.

발음 클리닉

でしょう [데쇼-↘]

03

· ~할까요?/~일까요?	**동사의 ます형 + ますか。**
	/형용사, 명사 + ですか。
· 아마 ~겠죠.	**たぶん 동사/형용사/명사 + でしょう。**
· 어떨까요…….	**どうでしょう……。**

추측에 대해 묻고 답할 수 있습니다. 질문에 대답할 때 '아마'란 뜻을 가진 부사 「たぶん」을 써서 추측할 수 있습니다. 혹은 말끝을 흐리며 「どうでしょう」라고 대답하면 '글쎄요, 어떨까요'라는 표현이 됩니다.

올까요?
- 아마 오겠죠.
- 어떨까요…….

きますか。
- たぶん くるでしょう。
- どうでしょう……。

바쁠까요?
- 아마 바쁘겠죠.
- 어떨까요…….

いそがしいですか。
- たぶん いそがしいでしょう。
- どうでしょう……。

한가할까요?
- 아마 한가하겠죠.
- 어떨까요…….

ひまですか。
- たぶん ひまでしょう。
- どうでしょう……。

고등학생일까요?
- 아마 고등학생이겠죠.
- 어떨까요…….

こうこうせいですか。
- たぶん こうこうせいでしょう。
- どうでしょう……。

TIP

물론 「~だろう」를 사용해서 반말로도 묻고 답할 수 있습니다.

발음 클리닉

たぶん [타붕]
どうでしょう
[도―데쇼―↘]

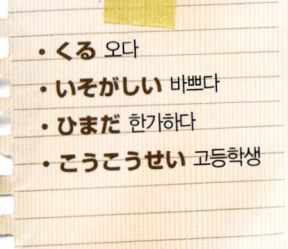

- **くる** 오다
- **いそがしい** 바쁘다
- **ひまだ** 한가하다
- **こうこうせい** 고등학생

148

きょうの ポイント 오늘의 포인트

1 「~だろう」와 「~でしょう」의 또 다른 사용법

「~だろう」와 「~でしょう」는 억양에 따라 확인하는 표현으로 사용할 수도 있습니다.

~だ<u>ろう</u>? →　　　**~지?/~잖아?**

~で<u>しょう</u>? →　　　**~죠?/~잖아요?**

　뒷부분을 올려서 「~だろう?」나 「~でしょう?」라고 말하면 상대방에게 무언가를 확인하는 표현이 됩니다. 다만, 확신을 가지고 강하게 말하는 뉘앙스이기 때문에 상대방의 기분을 해하지 않도록 조신해서 사용해야 합니다.

오지?/오잖아?	くるだろう？
바쁘시?/바쁘싫아?	いそがしいだろう？
한가하지?/한가하잖아?	ひまだろう？
고능학생이지?/고등학생이잖아?	こうこうせいだろう？

오죠?/오잖아요?	くるでしょう？
바쁘죠?/바쁘잖아요?	いそがしいでしょう？
한가하죠?/한가하잖아요?	ひまでしょう？
고등학생이죠?/고등학생이잖아요?	こうこうせいでしょう？

　■ 「~だろう?」는 조금 거친 느낌으로 여성보다는 남성들이 많이 사용하는 경향이 있습니다. 「~でしょう?」는 존댓말과 반말 양쪽의 뉘앙스가 들어 있기 때문에, 친구나 동료, 그리고 가까운 지인에게 사용할 수 있는 표현입니다. 그러나 나이가 아주 많은 윗사람이나 높은 상사 등에게는 사용할 수 없습니다.

　■ 가벼운 회화체로 「~だろ?」나 「~でしょ?」와 같이 끝에 「う」를 빼고 사용하기도 합니다.

　■ 또한 앞에 동사나 형용사 없이 그대로 「だろう?」, 「でしょう?」만 사용하여 '그렇지?', '그렇죠?' 와 같이 말할 수도 있습니다.

✓ 다음 빈칸에 한국어를 일본어로 바꾸어 써 보세요.

1　다음 형용사와 동사를 추측 표현으로 써 보세요.

> **Hint**　오다 **くる**　|　바쁘다 **いそがしい**　|　한가하다 **ひまだ**

① 올 거야/오겠지.　　→　＿＿＿＿＿＿＿＿＿＿＿＿

② 올 거예요/오겠죠.　→　＿＿＿＿＿＿＿＿＿＿＿＿

③ 바쁠 거야/바쁘겠지.　→　＿＿＿＿＿＿＿＿＿＿＿＿

④ 바쁠 거예요/바쁘겠죠.　→　＿＿＿＿＿＿＿＿＿＿＿＿

⑤ 한가할 거야/한가하겠지.　→　＿＿＿＿＿＿＿＿＿＿＿＿

⑥ 한가할 거예요/한가하겠죠.　→　＿＿＿＿＿＿＿＿＿＿＿＿

2　묻고 답해 보세요.

> **Hint**　오다 **くる**　|　고등학생 **こうこうせい**

① A : 오죠?(추측 표현)　　→　＿＿＿＿＿＿＿＿＿＿＿＿

　 B : 어떨까요…….　　→　＿＿＿＿＿＿＿＿＿＿＿＿

② A : 고등학생이죠?(추측 표현)　→　＿＿＿＿＿＿＿＿＿＿＿＿

　 B : 아마 고등학생이겠죠.　→　＿＿＿＿＿＿＿＿＿＿＿＿

🔊 말해 봅시다

やって みよう

» 선배와 수경이가 모임에 누가 올지에 대하여 대화하고 있습니다.

선배 ❶ 수경 씨, 오늘 기무라 씨도 오죠?
수경 ❷ 어떨까요…….
❸ 아마 오겠죠.
선배 ❹ 사토 씨는?
❺ 바쁘겠지?
수경 ❻ 아마 바쁠 거예요.
선배 ❼ 유감이네요.

~~~~~~~~~~~~~~~~~~~~

せんぱい ❶ スギョンさん、きょう きむらさんも くるでしょう？

スギョン ❷ どうでしょう……。

❸ たぶん くるでしょうね。

せんぱい ❹ さとうさんは？

❺ いそがしいだろうね。

スギョン ❻ たぶん いそがしいでしょう。

せんぱい ❼ ざんねんですね。

Word **きょう** 오늘 ｜ **〜も** 〜도 ｜ **くる** 오다 ｜ **いそがしい** 바쁘다 ｜
ざんねんだ 유감이다, 안타깝다

일본의 약속장소

친구들이나 지인들과 만날 때, 모두가 찾아오기 쉽도록 번화가의 랜드마크가 되는 곳 앞을 약속장소로 정하는 일이 많지요. 일본에서도 만남의 장소로 자주 애용되는 곳들이 있습니다. 일본 친구와 만날 때 이런 곳에서 만나기로 약속해 보면 어떨까요?

▶ 도쿄(東京^{とうきょう})

渋谷^{しぶや} 시부야	시부야역 앞의 충견 ハチ公^{こう} 동상 앞과 モヤイ像^{ぞう} 앞
新宿^{しんじゅく} 신주쿠	건물 외벽에 초대형 모니터가 붙어있는 패션몰 빌딩 スタジオアルタ 앞
池袋^{いけぶくろ} 이케부쿠로	부엉이 동상 いけふくろう 앞
六本木^{ろっぽんぎ} 롯폰기	오래된 제과점 겸 레스토랑 アマンド 앞
東京駅^{とうきょうえき} 도쿄역	역 내에 있는 은색 종 오브제 銀^{ぎん}の鈴^{すず} 앞

▶ 오사카(大阪^{おおさか})/나고야(名古屋^{なごや})

梅田^{うめだ} 우메다	전자상가 ヨドバシカメラ 앞 또는 이벤트 광장 ビッグマン 앞
名古屋駅^{なごやえき} 나고야역	나고야역과 연결된 메이테쓰 백화점의 거대한 마네킹 ナナちゃん人形^{にんぎょう} 앞

18

ちょっと おくれるかも しれません。

조금 늦을지도 몰라요.

미리 들어볼까요?

🎧 Track 18-01

수경이와 기무라가 모임에 참가하는지에 대하여 대화하고 있습니다.

오늘의 목표

이번 강에서는 가능성과 추측에 대해 묻고 답하는 표현을 알아봅시다.

きょうのひょうげん

🎧 Track 18-02

· ~할지도 몰라요.	**동사 + かも しれません。**
· ~일지도 몰라요.	**い형용사 + かも しれません。**
· ~할지도 몰라요.	**な형용사 어간 + かも しれません。**
· ~일지도 몰라요.	**명사 + かも しれません。**

네 가지 품사에 '~지도 모른다'란 뜻의 「~かも しれない」를 붙여 추측
을 나타내는 표현입니다. 동사, い형용사, 명사는 그대로, な형용사는
「だ」를 없애고 어간에 「~かも しれない」를 붙여 사용하며, 정중한 표
현은 「~かも しれません」입니다.

늦을지도 몰라요.	おくれるかも しれません。
좋을지도 몰라요.	いいかも しれません。
무리일지도 몰라요.	むりかも しれません。
감기일지도 몰라요.	かぜかも しれません。

TIP

정중한 표현은 「~かも しれ
ないです」를 사용해도 됩니
다.

발음 클리닉

かぜ [카제(ze)]

• **おくれる** 늦다

• **いい** 좋다

• **むりだ** 무리이다

• **かぜ** 감기

02

·~거라고 생각해요.	**동사 + と おもいます。**
·~거라고 생각해요.	**い형용사 + と おもいます。**
·~거라고 생각해요.	**な형용사 + と おもいます。**
·~거라고 생각해요.	**명사 + だ + と おもいます。**

네 가지 품사에 '~라고 생각한다'는 뜻의 「~と おもう」를 붙여 추측을 나타내는 표현입니다. 동사, い형용사, な형용사는 그대로, 명사는 「だ」를 붙이고 「~と おもう」를 붙여 사용하며, 정중한 표현은 「~と おもいます」입니다.

늦을 거라고 생각해요.	おくれると おもいます。
좋을 거라고 생각해요.	いいと おもいます。
무리일 거라고 생각해요.	むりだと おもいます。
감기일 거라고 생각해요.	かぜだと おもいます。

TIP

「おもう」의 한자는 「思う」로 '생각하다'라는 의미입니다.

03

· ~해요?/~이에요?	동사의 ます형 + **ますか**。
	/형용사, 명사 + **ですか**。
· 조금 ~지도 몰라요.	**ちょっと** 동사/형용사/명사
	+ **かも しれません**。
· 아마 ~거라고 생각해요.	**たぶん** 동사/형용사/명사(**だ**)
	+ **と おもいます**。

「ちょっと(조금)」나 「たぶん(아마)」등을 사용하여 추측에 대해 묻고 답할 수 있습니다.

내일 올 거예요?
あした きますか。

- 조금 늦을지도 몰라요.
- ちょっと おくれるかも しれません。

- 아마 늦을 거라고 생각해요.
- たぶん おくれると おもいます。

괜찮아요?
だいじょうぶですか。

- 조금 감기일지도 몰라요.
- ちょっと かぜかも しれません。

- 아마 감기일 거라고 생각해요.
- たぶん かぜだと おもいます。

TIP

질문에 대답할 때 「はい(네)」등을 먼저 말해도 좋습니다. 사유가 있을 땐 「でも(하지만)」등을 덧붙여 추측 표현과 함께 설명하면 됩니다.

발음 클리닉

ちょっと [춋또]
たぶん [타붕]

- **あした** 내일
- **くる** 오다
- **おくれる** 늦다
- **だいじょうぶだ** 괜찮다
- **かぜ** 감기

きょうの ポイント 오늘의 포인트

1 「〜かも しれません」의 가벼운 회화체

~かも しれません　　➡　　~かも

친구나 가까운 지인 등과 대화하는 가벼운 회화에서는 「〜かも しれません」의 뒷부분 「しれません」을 생략하고 「〜かも」와 같이 줄여서 말할 수 있습니다.

늦을지도 (몰라).	おくれるかも。
좋을지도 (몰라).	いいかも。
무리일지도 (몰라).	むりかも。
감기일지도 (몰라).	かぜかも。

다만 「いい」와 같은 단어는 「いいかも」와 같이 줄여서 말하면 추측의 의미가 흐려집니다. 예를 들면 상대방이 좋은 의견을 제시했을 때 '와, 그거 좋을지도 모르겠다~!'라는 감동이나 감탄을 담은 뉘앙스가 강해집니다.

2 세 가지 추측 표현의 뉘앙스 차이

17강, 18강에서 배운 세 가지 추측 표현은 각각 추측의 정도에 다음과 같은 차이가 있습니다. 「〜です/〜ます」를 100% 완전한 사실이라고 가정했을 경우, 「〜でしょう」「〜と おもいます」「〜かも しれません」의 순으로 확신이 약해집니다. 대강의 퍼센티지는 다음 정도로 생각할 수 있습니다.

~です/~ます	100% 사실	~と おもいます	70% 생각/주장
~でしょう	90% 확신	~かも しれません	50% 불확실

「おくれる」라는 동사로 비교해 보면 다음과 같습니다.

おくれます。	(100%) 늦을 거예요.
おくれるでしょう。	(90%) 늦겠죠.
おくれると おもいます。	(70%) 늦을 거라고 생각해요.
おくれるかも しれません。	(50%) 늦을지도 몰라요.

れんしゅう

☑ 다음 빈칸에 한국어를 일본어로 바꾸어 써 보세요.

1 다음 명사와 형용사, 동사를 추측 표현으로 써 보세요.

> **Hint** 　늦다 **おくれる** ｜ 감기 **かぜ** ｜ 무리이다 **むりだ**

1 늦을지도 몰라요.　　　　　→ _____

2 늦을 거라고 생각해요.　　　→ _____

3 감기일지도 몰라요.　　　　→ _____

4 감기일 거라고 생각해요.　　→ _____

5 무리일지도 몰라요.　　　　→ _____

6 무리일 거라고 생각해요.　　→ _____

2 묻고 답해 보세요.

> **Hint** 　오다 **くる** ｜ 늦다 **おくれる** ｜ 가다 **いく** ｜ 무리이다 **むりだ**

1 A: 올 거예요?　　　　　　　　→ _____

　　B: 조금 늦을지도 몰라요.　　　→ _____

2 A: 갈 거예요?　　　　　　　　→ _____

　　B: 아마 무리일 거라고 생각해요. → _____

말해 봅시다

やって みよう

» 수경이와 기무라가 모임에 참가하는지에 대하여 대화하고 있습니다.

수경	① 여보세요. 기무라 씨, 오늘 올 거예요?
기무라	② 네, 갈 거예요!
	③ 하지만 조금 늦을지도 몰라요.
수경	④ 네, 알겠어요.
	⑤ 저, 미호 씨는요?
기무라	⑥ 아마 감기일 거라고 생각해요.
수경	⑦ 그래요? 참가는 무리일지도 모르겠네요.

〰〰〰〰〰〰〰〰〰〰〰〰〰〰〰

スギョン　① もしもし。きむらさん、きょう きますか。

きむら　② はい、いきます！

③ でも ちょっと おくれるかも しれません。

スギョン　④ はい、わかりました。

⑤ あの、みほさんは？

きむら　⑥ たぶん かぜだと おもいます。

スギョン　⑦ そうですか。さんかは むりかも しれませんね。

Word　**もしもし** 여보세요　｜　**きょう** 오늘　｜　**くる** 오다　｜　**いく** 가다　｜　**でも** 하지만　｜
おくれる 늦다　｜　**かぜ** 감기　｜　**さんか** 참가　｜　**むりだ** 무리이다

공기를 읽는 일본인

일본어에는 「空氣を 読む(공기를 읽다)」라고 하여 '분위기를 파악한다'는 뜻으로 쓰이는 말이 있는데, 그 장소의 분위기를 망치지 않기 위해 자신의 의견이나 생각을 확실히 말하지 않는 것을 말합니다.

예를 들어, 모두가 모여 어떠한 사항을 결정할 때, 상대방의 의견을 존중하기 위해 자신의 의견을 먼저 말하지 않고, 상대방의 의견을 확인한 후 조심스레 자신의 의견을 말합니다. 이 때 인간관계를 망치지 않기 위해, '이렇게 하겠다'나 '이것이 좋다' 등 단언하는 것보다는, '이렇게 하는 것이 좋을지도 모른다'라든가 '이것이 좋은 것 같다'와 같은 표현을 사용하는 것이 좋습니다. 그러면 상대방의 기분을 상하게 하거나 분위기를 망치지 않고 모임을 마무리 지을 수 있기 때문입니다.

이러한 대화법이 일반적인 일본에서는, 오히려 단호하게 자신의 의견을 말하는 사람들을 「空氣が 読めない 人(공기를 읽지 못하는 사람)」라고 부르며 미워하거나 신뢰하지 않는 경우도 있다고 합니다. 그렇기 때문에 확실하게 '그것은 잘못되었다'나 '싫다'라고 부정하거나 거절하기보다는 부드럽고 완곡하게 대화하여 일본 사람들과 충돌 없이 원만한 인간관계를 유지하는 것이 좋겠지요.

19

ケーキを つくる ことです。

케이크를 만드는 거예요.

미리 들어볼까요?

🎧 Track 19-01

기무라와 수경이가 취미에 대하여 대화하고 있습니다.

기무라 씨 취미는요?

ケーキを つくる ことです。

오늘의 목표

이번 강에서는 취미와 가능한 것에 대해 묻고 답하는 표현을 알아봅시다.

きょうのひょうげん

🎧 Track 19-02

| ·~하는 거예요. | 동사의 기본형 + **ことです**。 |

동사의 기본형에 '~것이다'라는 뜻의 「~ことだ」를 붙여 취미를 나타낼 수 있습니다. 정중한 표현은 「~ことです」입니다.

피아노를 치는 거예요.	ピアノを ひく ことです。
그림을 그리는 거예요.	えを かく ことです。
사진을 찍는 거예요.	しゃしんを とる ことです。
케이크를 만드는 거예요.	ケーキを つくる ことです。

TIP

동사에 「こと」만을 붙이면 '~하는 것'과 같이 명사로 만들 수 있습니다.

TIP

「ひく」는 「引く」라는 한자를 사용한 '당기다/끌다'의 의미가 아닌 「弾く」라는 한자를 사용하는 '연주하다'라는 의미입니다. 피아노 외에도 바이올린, 기타, 샤미센 등을 연주한다고 할 때 사용합니다.

발음 클리닉

しゃしん [샤싱]
ケーキ [케ー끼]

- **ピアノ** 피아노
- **ひく** 치다, 연주하다
- **え** 그림
- **かく** 그리다
- **しゃしん** 사진
- **とる** (사진을) 찍다
- **ケーキ** 케이크
- **つくる** 만들다

02

· 취미는 뭐예요?	**しゅみは なんですか。**
· 취미는(요)?	**しゅみは？**

「しゅみは なんですか(취미는 뭐예요?)」와 같이 전체 문장을 다 사용하거나, 뒷부분을 생략하여 「しゅみは？(취미는요?)」와 같이 상대방의 취미에 대해 물을 수 있습니다.

취미는 뭐예요?　　　しゅみは なんですか。
- 그림을 그리는 거예요.　- えを かく ことです。

취미는(요)?　　　しゅみは？
- 사진을 찍는 거예요.　- しゃしんを とる ことです。

회화 체크

한국어로는 '취미가 뭐예요?' 라고 묻는데 이것을 직역해서 「しゅみが なんですか」와 같이 물으면 틀린 표현이 됩니다. 반드시 「しゅみは なんですか」나 「しゅみは？」와 같이 조사 「～は」를 사용해야만 합니다.

TIP

「しゅみは？」는 존댓말과 빈 말 양쪽의 의미를 가지고 있습니다.

발음 클리닉

しゅみ [슈미]

03

·~할 수 있어요.　　**동사의 기본형 + ことが できます。**

동사의 기본형에 '~할 수 있다'라는 뜻의「~ことが できる」를 붙여 가능한 동작을 나타내는 표현입니다. 정중한 표현은「~ことが できます」입니다.

피아노를 칠 수 있어요.　　ピアノを ひく ことが できます。
그림을 그릴 수 있어요.　　えを かく ことが できます。
사진을 찍을 수 있어요.　　しゃしんを とる ことが できます。
케이크를 만들 수 있어요.　ケーキを つくる ことが できます。

회화 체크
직역하면 '~하는 것이 가능하다(합니다)'입니다.

TIP
부정 표현은「~ことは できません(~할 수 없어요)」과 같이 말할 수 있습니다.

04

·~할 수 있어요?　　**동사의 기본형 + ことが できますか。**

앞서 배운 표현에 조사「~か」를 붙여 의문문으로 만든 표현으로, 가능한 동작에 대해 질문할 수 있습니다.

피아노를 칠 수 있어요?　　ピアノを ひく ことが できますか。
그림을 그릴 수 있어요?　　えを かく ことが できますか。
사진을 찍을 수 있어요?　　しゃしんを とる ことが できますか。
케이크를 만들 수 있어요?　ケーキを つくる ことが できますか。

대답은 다음과 같이 할 수 있습니다.

네, 할 수 있어요.　　　はい、できます。
아니요, 할 수 없어요.　　いいえ、できません。

회화 체크
대답을 직역하면 '네, 가능해요', '아니요, 가능하지 않아요'입니다.

• ピアノ 피아노
• ひく 치다, 연주하다
• え 그림
• かく 그리다
• しゃしん 사진
• とる (사진을) 찍다
• ケーキ 케이크
• つくる 만들다

きょうの ポイント 오늘의 포인트

1 명사를 사용한 취미와 가능 표현

앞서 배운 표현에 명사를 사용하여 취미와 가능한 것에 대해 말할 수도 있습니다.

명사 + **です**　　　　　~이에요
명사 + **が できます**　　~을/를 할 수 있어요

단어에 따라서는 명사만을 사용해서 말하는 것도 가능합니다. 예를 들어 취미에 대해 질문을 받았을 때 「ピアノを ひく ことです(피아노를 치는 거예요)」라고 말할 수도 있지만, 「ピアノです (피아노예요)」와 같이 간단하게 말할 수 있습니다.

피아노예요.	ピアノです。
수영이에요.	すいえいです。
꽃꽂이예요.	いけばなです。
요리예요.	りょうりです。

또한 무엇을 할 수 있는지 질문을 받았을 때 「ピアノを ひく ことが できます(피아노를 칠 수 있어요)」라고 말할 수도 있지만, 「ピアノが できます(피아노를 할 수 있어요)」와 같이 말할 수 있습니다. 이 때 '~을/를'이라고 해석하더라도 조사는 반드시 「~が」를 사용해야만 합니다.

피아노를 할 수 있어요.	ピアノが できます。
수영을 할 수 있어요.	すいえいが できます。
꽃꽂이를 할 수 있어요.	いけばなが できます。
요리를 할 수 있어요.	りょうりが できます。

☑ 다음 빈칸에 한국어를 일본어로 바꾸어 써 보세요.

1 취미 표현과 가능한 동작 표현을 간단하게 써 보세요.

> **Hint** 케이크 **ケーキ** | 만들다 **つくる** | 피아노 **ピアノ** | 치다 **ひく** | 그림 **え** |
> 그리다 **かく**

1 케이크를 만드는 거예요.　　→ ＿＿＿＿＿＿＿＿＿＿＿＿

2 케이크를 만들 수 있어요.　　→ ＿＿＿＿＿＿＿＿＿＿＿＿

3 피아노를 치는 거예요.　　→ ＿＿＿＿＿＿＿＿＿＿＿＿

4 피아노를 칠 수 있어요.　　→ ＿＿＿＿＿＿＿＿＿＿＿＿

5 그림을 그리는 거예요.　　→ ＿＿＿＿＿＿＿＿＿＿＿＿

6 그림을 그릴 수 있어요.　　→ ＿＿＿＿＿＿＿＿＿＿＿＿

2 묻고 답해 보세요.

> **Hint** 사진 **しゃしん** | 찍다 **とる** | 케이크 **ケーキ** | 만들다 **つくる** | 할수있다 **できる**

1 A: 취미는 뭐예요?　　→ ＿＿＿＿＿＿＿＿＿＿＿＿

　B: 사진을 찍는 거예요.　　→ ＿＿＿＿＿＿＿＿＿＿＿＿

2 A: 케이크를 만들 수 있어요?　→ ＿＿＿＿＿＿＿＿＿＿＿＿

　B: 네, 할 수 있어요.　　→ ＿＿＿＿＿＿＿＿＿＿＿＿

말해 봅시다

やって みよう

» 기무라와 수경이가 취미에 대하여 대화하고 있습니다.

기무라	① 수경 씨 취미는 뭐예요?
수경	② 피아노를 치는 거예요.
기무라	③ 피아노를 칠 수 있어요?
수경	④ 네, 할 수 있어요.
	⑤ 기무라 씨 취미는요?
기무라	⑥ 케이크를 만드는 거예요.
수경	⑦ 우와, 케이크를 만들 수 있어요?

〜〜〜〜〜〜〜〜〜〜〜〜〜〜〜〜〜

きむら ① スギョンさんの しゅみは なんですか。

スギョン ② ピアノを ひく ことです。

きむら ③ ピアノを ひく ことが できますか。

スギョン ④ はい、できます。

⑤ きむらさんの しゅみは？

きむら ⑥ ケーキを つくる ことです。

スギョン ⑦ へえ、ケーキを つくる ことが できますか。

Word **ピアノ** 피아노 ｜ **ひく** 치다, 연주하다 ｜ **ケーキ** 케이크 ｜ **つくる** 만들다 ｜
へえ 우와(놀랐을 때 쓰는 감탄사)

오타쿠 문화

일본에서 대 히트를 친 드라마와 영화 중에 「電車男(전차남)」이란 것이 있습니다. 당시 비호감 이미지를 가진 '오타쿠(オタク)'를 남자 주인공으로 하여, 그의 우정과 사랑을 그려 많은 사랑을 받았습니다.

오타쿠란 어떤 취미나 물건 등에 깊은 관심을 가진 사람으로, 주로 애니메이션, 아이돌, 게임, 철도, 모형 등의 마니아를 가리킵니다. 상대를 서로 '댁(お宅)'이란 호칭으로 부르던 것에서 파생되어, 자신이 좋아하는 분야 외에는 지식도 관심도 없고 사회성이 결여된 인물로 보여져 왔습니다. 그리고 안경을 쓰고 체크셔츠에 배낭을 멘 촌스러운 이미지의 패션이 오타쿠 패션이라고 인식되어 있습니다.

1970년대에 생긴 이 말은 부정적인 의미로 사용되었지만, 1990년대부터는 '야구오타쿠(野球オタク)'와 같이 어떤 것에 몰두하는 사람이란 긍정적인 의미로도 사용하게 되었습니다. 이와 같이 마니아의 뜻을 가진 오타쿠는 소득이나 여유시간의 대부분을 사용하는 '소비성 오타쿠'와 자신의 취미를 널리 알리고 싶어하거나 창작활동을 하고 싶어하는 '심리성 오타쿠'로 분리하기도 합니다.

도쿄의 '아키하바라(秋葉原)'는 각종 전자기기와 하드웨어, 소프트웨어를 취급하는 전자상가인데, 점차 애니메이션, 피겨, 프라모델 등 취미 상점이 밀집하면서 오타쿠들의 성지로도 알려져 있습니다.

20

ケーキが つくれますか。

케이크를 만들 수 있어요?

미리 들어볼까요? *19강에서 배운 스토리로 가능에 관한 또 다른 표현을 들어봅시다.

🎧 Track 20-01

기무라와 수경이가 취미에 대하여 대화하고 있습니다.

へえ、ケーキが つくれますか。

오늘의 목표

이번 강에서는 가능한 것에 대해 묻고 답하는 또 다른 표현을 알아봅시다.

きょうのひょうげん

01

🎧 Track 20-02

> ·~할 수 있어요.　　　　**동사의 가능형 + ます。**

동사의 가능형은 동사로 가능한 것을 표현하기 위한 활용입니다. 한국어로 '하다'라는 말을 가능형으로 말하면 '할 수 있다'가 됩니다. 여기서 '할 수 있'이 일본어의 가능형에 해당되고 '다'가 「る」에 해당됩니다. 정중하게 말하려면 어미 「る」 대신에 「ます」를 붙이면 됩니다.

❶ 1그룹 동사의 가능형: 'う단' → 'え단'
'う단'을 'え단'으로, 즉 「う く す つ ぬ ぶ む る」를 「え け せ て ね べ め れ」로 바꾸고 「る」를 붙이면 됩니다. 정중한 표현은 「ます」를 붙입니다.

만나다	あう	치다, 연주하다	ひく
만날 수 있어요.	あえます。	**칠** 수 있어요. **연주할** 수 있어요.	ひけます。

이야기하다	はなす	기다리다	まつ
이야기할 수 있어요.	はなせます。	**기다릴** 수 있어요.	まてます。

죽다	しぬ	놀다	あそぶ
죽을 수 있어요.	しねます。	**놀** 수 있어요.	あそべます。

읽다	よむ	만들다	つくる
읽을 수 있어요.	よめます。	**만들** 수 있어요.	つくれます。

TIP

현대 일본어에서는 ふ로 끝나는 동사는 존재하지 않으며, 탁음이 붙어 ぶ의 형태로 끝나는 것이 일반적입니다.

- **あう** 만나다
- **ひく** 치다, 연주하다
- **はなす** 이야기하다
- **まつ** 기다리다
- **しぬ** 죽다
- **あそぶ** 놀다
- **よむ** 읽다
- **つくる** 만들다

❷ 2그룹 동사의 가능형:「る」→ 삭제

「る」를 삭제하고「られる」를 붙이면 됩니다. 정중한 표현은「られます」를 붙입니다.

먹다	たべる	자다	ねる
먹을 수 있어요.	たべられます。	잘 수 있어요.	ねられます。

❸ 3그룹 동사의 가능형: 불규칙 동사라 그대로 외워야 합니다.

반말 표현은「こられる」「できる」입니다.

오다	くる	하다	する
올 수 있어요.	こられます。	할 수 있어요.	できます。

TIP

「する」는 동사를 활용하지 않고 바로「できる」로 바뀝니다.

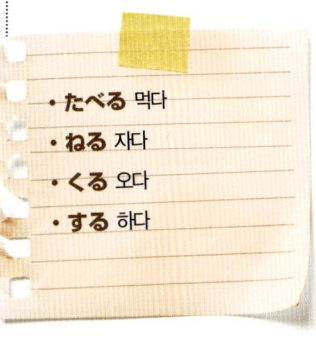

- **たべる** 먹다
- **ねる** 자다
- **くる** 오다
- **する** 하다

02

· ~할 수 있어요?	**동사의 가능형 + ますか。**

앞서 배운 표현에 조사 「～か」를 붙여, 가능한지 어떤지 질문할 수 있습니다.

만날 수 있어요?	あえますか。
칠 수 있어요?	ひけますか。
이야기할 수 있어요?	はなせますか。
기다릴 수 있어요?	まてますか。
죽을 수 있어요?	しねますか。
놀 수 있어요?	あそべますか。
읽을 수 있어요?	よめますか。
만들 수 있어요?	つくれますか。
먹을 수 있어요?	たべられますか。
잘 수 있어요?	ねられますか。
올 수 있어요?	こられますか。
할 수 있어요?	できますか。

대답은 다음과 같이 할 수 있습니다.

네, 조금…….	ええ、ちょっと……。
아니요, 좀…….	いいえ、ちょっと……。

 회화 체크

확실하게 대답하고 싶을 때는 「はい、できます(네, 할 수 있어요)」「いいえ、できません(아니요, 할 수 없어요)」와 같이 말해도 됩니다.

발음 클리닉

ちょっと [춏또]

- **あう** 만나다
- **ひく** 치다, 연주하다
- **はなす** 이야기하다
- **まつ** 기다리다
- **しぬ** 죽다
- **あそぶ** 놀다
- **よむ** 읽다
- **つくる** 만들다
- **たべる** 먹다
- **ねる** 자다
- **くる** 오다
- **する** 하다
- **ちょっと** 조금, 좀

きょうの ポイント 오늘의 포인트

1 가능형의 조사「が」

일반 표현	가능 표현
を	が

동사를 변형시켜 만드는 가능 표현의 경우에는 다음과 같이 조사「~を」대신에 반드시「~が」를 사용해야만 합니다.

ピアノを ひきます。	ピアノが ひけます。
ほんを よみます。	ほんが よめます。
にほんごを はなします。	にほんごが はなせます。
ケーキを つくります。	ケーキが つくれます。
なっとうを たべます。	なっとうが たべられます。

2 「~られます」의 가벼운 회화체

~られます ~れます

일상적인 가벼운 회화에서는 2그룹 동사나 3그룹 동사「くる」의 정중한 가능 표현인「~られます」의「ら」를 삭제하고 말하는 경우가 많습니다.

먹을 수 있어요.	たべられます。	たべれます。
잘 수 있어요.	ねられます。	ねれます。
올 수 있어요.	こられます。	これます。

회화에서는 많이 사용되지만 문법적으로는 인정 받지 못한 표현이므로, 문서 등을 작성할 경우에는 이 표현을 사용하지 않는 것이 좋습니다.

れんしゅう

☑ 다음 빈칸에 한국어를 일본어로 바꾸어 써 보세요.

1 다음 동사를 정중한 가능 표현으로 만들어 보세요.

> **Hint**
> 치다 **ひく** ｜ 만들다 **つくる** ｜ 먹다 **たべる** ｜ 자다 **ねる** ｜ 오다 **くる** ｜
> 하다 **する**

1 칠 수 있어요. → _____

2 만들 수 있어요. → _____

3 먹을 수 있어요. → _____

4 잘 수 있어요. → _____

5 올 수 있어요. → _____

6 할 수 있어요. → _____

2 묻고 답해 보세요.

> **Hint**
> 피아노 **ピアノ** ｜ 치다 **ひく** ｜ 네 **ええ** ｜ 조금, 좀 **ちょっと** ｜
> 일본어 **にほんご** ｜ 이야기하다 **はなす**

1 A : 피아노를 칠 수 있어요? → _____

  B : 네, 조금……. → _____

2 A : 일본어를 이야기할 수 있어요? → _____

  B : 아니요, 좀……. → _____

174

🔊 말해 봅시다

やって みよう

» 기무라와 수경이가 취미에 대하여 대화하고 있습니다.

기무라	**1** 수경 씨 취미는 뭐예요?
수경	**2** 피아노를 치는 거예요.
기무라	**3** 피아노를 칠 수 있어요?
수경	**4** 네, 조금…….
	5 기무라 씨 취미는요?
기무라	**6** 케이크를 만드는 거예요.
수경	**7** 우와, 케이크를 만들 수 있어요?

〰〰〰〰〰〰〰〰〰〰〰

きむら **1** スギョンさんの しゅみは なんですか。

スギョン **2** ピアノを ひく ことです。

きむら **3** ピアノが ひけますか。

スギョン **4** ええ、ちょっと……。

5 きむらさんの しゅみは?

きむら **6** ケーキを つくる ことです。

スギョン **7** へえ、ケーキが つくれますか。

Word　**しゅみ** 취미　|　**ピアノ** 피아노　|　**ひく** 치다, 연주하다　|　**ちょっと** 조금, 좀　|
ケーキ 케이크　|　**つくる** 만들다　|　**へえ** 우와(놀랐을 때 쓰는 감탄사)

일본 지역별 유명 디저트

'그 지역 특유의 것'이라고 강조할 때는 본고장이란 뜻의 「ご当地」라는 말을 붙입니다. 일본은 「ご当地スイーツ(본고장 스위츠)」가 정말 다양한데, 대표적으로 다음과 같은 것들이 있습니다.

東京 도쿄	東京バナ奈 도쿄바나나	바나나맛 커스터드 크림이 들어있는 빵
北海道 홋카이도	チーズオムレット 치즈오믈렛	홋카이도의 치즈로 만든 치즈케이크
京都 교토	生八つ橋 나마야쓰하시	삼각형 모양의 일본 과자
静岡 시즈오카	うなぎパイ 장어파이	장어 가루가 들어간 페이스트리
広島 히로시마	もみじまんじゅう 단풍만주	단풍잎 모양의 일본 과자
福岡 후쿠오카	ひよこまんじゅう 병아리만주	병아리 모양의 일본 과자
長崎 나가사키	カステラ 카스텔라	포르투갈 개항으로 일본에 전해진 카스텔라
沖縄 오키나와	サーターアンダギー 사타안다기	오키나와의 전통 도넛

21

さとうさんに もらいました。

사토 씨에게 받았어요.

미리 들어볼까요?

🎧 Track 21-01

수경이와 기무라가 수경이 자매가 받은 선물에 대하여 대화하고 있습니다.

> 수경 씨,
> 그거 귀엽네요~!

> これですか。
> さとうさんに もらいました。

오늘의 목표

이번 강에서는 주고받기에 대해 묻고 답하는 표현을 알아봅시다.

きょうのひょうげん

01

🎧 Track 21-02

일본어의 수수 표현

수수 표현은 물건을 주거나 받을 때 사용하는 표현입니다. 한국어에는 '주다'와 '받다' 두 가지가 있지만, 일본어의 수수 표현은 총 세 가지로 '주다'에 해당하는 표현이 2개, '받다'에 해당하는 표현이 1개 있습니다.

주다	**あげる**	나 ➡ 다른 사람
		다른 사람 ➡ 다른 사람
주다	**くれる**	다른 사람 ➡ 나
		다른 사람 ➡ 나와 가까운 사람
받다	**もらう**	다른 사람 ➡ 나
		다른 사람 ➡ 다른 사람

①「あげる」

내가 다른 사람에게 주거나, 다른 사람이 다른 사람에게 줄 때 사용합니다. 예를 들면, 내가 기무라 씨나 사토 씨에게 줄 때, 혹은 기무라 씨가 사토 씨에게 줄 때, 이「あげる」를 사용합니다.

②「くれる」

다른 사람이 나에게 주거나, 다른 사람이 나와 가까운 사람(엄마, 동생, 친구, 강아지 등)에게 줄 때 사용합니다. 예를 들면, 기무라 씨나 사토 씨가 나에게 줄 때, 혹은 기무라 씨가 나와 가까운 사람에게 줄 때, 이「くれる」를 사용합니다.

③「もらう」

내가 다른 사람에게 받거나, 다른 사람이 다른 사람에게 받을 때 사용합니다. 예를 들면, 내가 기무라 씨나 사토 씨에게 받을 때, 혹은 기무라 씨가 사토 씨에게 받을 때, 이「もらう」를 사용합니다.

TIP

'주다'에 해당하는 일본어 표현은 「あげる」와 「くれる」인데, 누가 누구에게 주느냐에 따라 나누어 사용됩니다. 「もらう」는 한국어의 '받다'와 똑같이 사용합니다.

TIP

'나와 가까운 사람'이라는 것은 본인이 가깝다고 생각한다면 누구든지 관계없습니다.

02

> ・~을/를 줘요/줄 거예요.　　**물건 + を あげます。**
> ・~을/를 줬어요.　　　　　**물건 + を あげました。**

물건을 나타내는 명사 뒤에 「~を あげます」를 붙여, 정중하게 '~을/를 줘요, ~을/를 줄 거예요'라고 말할 수 있습니다.

선물을 줘요/줄 거예요.　　プレゼントを あげます。
선물을 줬어요.　　　　　プレゼントを あげました。

03

> ・~을/를 줘요/줄 거예요.　　**물건 + を くれます。**
> ・~을/를 줬어요.　　　　　**물건 + を くれました。**

물건을 나타내는 명사 뒤에 「~を くれます」를 붙여, 정중하게 '~을/를 줘요, ~을/를 줄 거예요'라고 말할 수 있습니다.

선물을 줘요/줄 거예요.　　プレゼントを くれます。
선물을 줬어요.　　　　　プレゼントを くれました。

04

> ・~을/를 받아요/받을 거예요.　**물건 + を もらいます。**
> ・~을/를 받았어요.　　　　　**물건 + を もらいました。**

물건을 나타내는 명사 뒤에 「~を もらいます」를 붙여, 정중하게 '~을/를 받아요, ~을/를 받을 거예요'라고 말할 수 있습니다.

선물을 받아요/받을 거예요.　プレゼントを もらいます。
선물을 받았어요.　　　　　プレゼントを もらいました。

TIP

수수 표현과 함께 사용되는 명사는 눈에 보이는 물건뿐만 아니라, 허가, 용기, 정보, 힘 등의 추상적인 명사도 사용할 수 있습니다.

TIP

「~を あげました」「~を くれました」「~を もらいました」와 같이 과거형으로도 말할 수 있습니다.

발음 클리닉

プレゼント
[프레젠(zen)또]

・**プレゼント** 선물

きょうのひょうげん

05

・~에게 줘요/줄 거예요.	**대상 + 에 あげます。**
・~에게 줬어요.	**대상 + 에 あげました。**

물건을 받는 대상을 나타내는 명사 뒤에 「~に あげます」를 붙여, 정중하게 '~에게 줘요, ~에게 줄 거예요'라고 말할 수 있습니다.

애인에게 줘요/줄 거예요.	こいびとに あげます。
애인에게 줬어요.	こいびとに あげました。

TIP

마찬가지로 「~に あげました」「~が くれました」「~に もらいました」와 같이 과거형으로도 말할 수 있습니다.

06

・~이/가 줘요/줄 거예요.	**대상 + が くれます。**
・~이/가 줬어요.	**대상 + が くれました。**

물건을 주는 대상을 나타내는 명사 뒤에 「~が くれます」를 붙여, 정중하게 '~이/가 줘요, ~이/가 줄 거예요' 라고 말할 수 있습니다.

애인이 줘요/줄 거예요.	こいびとが くれます。
애인이 줬어요.	こいびとが くれました。

07

・~에게 받아요/받을 거예요.	**대상 + に もらいます。**
・~에게 받았어요.	**대상 + に もらいました。**

물건을 주는 대상을 나타내는 명사 뒤에 「~に もらいます」를 붙여, 정중하게 '~에게 받아요, ~에게 받을 거예요'라고 말할 수 있습니다.

애인에게 받아요/받을 거예요.	こいびとに もらいます。
애인에게 받았어요.	こいびとに もらいました。

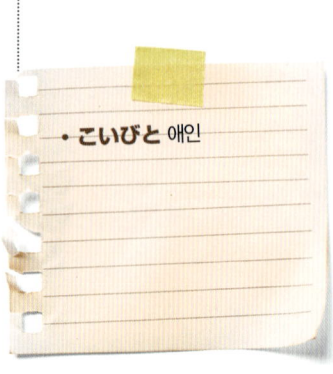

・**こいびと** 애인

180

08

·〜에게 〜을/를 줘요/줄 거예요.	대상+**에** 물건+**을** 아게마스.
·〜에게 〜을/를 줬어요.	대상+**에** 물건+**을** 아게마시타.
·〜이/가 〜을/를 줘요/줄 거예요.	대상+**가** 물건+**을** 구레마스.
·〜이/가 〜을/를 줬어요.	대상+**가** 물건+**을** 구레마시타.
·〜에게 〜을/를 받아요/받을 거예요.	대상+**에** 물건+**을** 모라이마스.
·〜에게 〜을/를 받았어요.	대상+**에** 물건+**을** 모라이마시타.

앞서 배운 표현「あげる」「くれる」「もらう」를 사용하여 어떤 대상이 어떤 물건을 주거나 받는지 조금 더 긴 수수 표현 문장을 말할 수 있습니다.

애인에게 선물을 줘요/줄 거예요.
こいびとに プレゼントを あげます。

애인에게 선물을 줬어요.
こいびとに プレゼントを あげました。

애인이 선물을 줘요/줄 거예요.
こいびとが プレゼントを くれます。

애인이 선물을 줬어요.
こいびとが プレゼントを くれました。

애인에게 선물을 받아요/받을 거예요.
こいびとに プレゼントを もらいます。

애인에게 선물을 받았어요.
こいびとに プレゼントを もらいました。

· プレゼント 선물

09

· 누구에게 줘요/줄 거예요?	**だれに あげますか。**
· 누구에게 줬어요?	**だれに あげましたか。**
· 누가 줘요/줄 거예요?	**だれが くれますか。**
· 누가 줬어요?	**だれが くれましたか。**
· 누구에게 받아요/받을 거예요?	**だれに もらいますか。**
· 누구에게 받았어요?	**だれに もらいましたか。**

의문사「だれ(누구)」와 앞서 배운 표현 뒤에 조사「～か」를 붙여 주고받는 대상이 되는 사람이 누군지를 질문할 수 있습니다.

누구에게 줘요/줄 거예요?	だれに あげますか。
- 여동생에게 줘요/줄 거예요.	-いもうとに あげます。
누구에게 줬어요?	だれに あげましたか。
- 여동생에게 줬어요.	-いもうとに あげました。
누가 줘요/줄 거예요?	だれが くれますか。
- 여동생이 줘요/줄 거예요.	-いもうとが くれます。
누가 줬어요?	だれが くれましたか。
- 여동생이 줬어요.	-いもうとが くれました。
누구에게 받아요/받을 거예요?	だれに もらいますか。
- 여동생에게 받아요/받을 거예요.	-いもうとに もらいます。
누구에게 받았어요?	だれに もらいましたか。
- 여동생에게 받았어요.	-いもうとに もらいました。

발음 클리닉

いもうと
[이모–또]

· **いもうと** 여동생

きょうの ポイント _{오늘의 포인트}

1 「~んです」를 사용한 회화체

동사의 た형에 「~んです」를 붙이면 설명을 하는 표현이 됩니다.

줬어요.	あげた**ん**です。
줬어요.	くれた**ん**です。
받았어요.	もらった**ん**です。

일반적으로 과거형은 「あげました」「くれました」「もらいました」를 사용하면 됩니다. 하지만 준 것과 받은 것에 대해서 설명을 할 때는 「~のです」의 회화체인 「~んです」를 사용하여, 「あげたんです」「くれたんです」「もらったんです」와 같이 말합니다. 설명을 요구할 때는 조사 「~か」를 붙여 질문하면 됩니다.

딸에게 크리스마스 선물을 줬어요.　むすめに クリスマス プレゼントを あげました。
- 무엇을 줬어요?　　　　　　　　　- なにを あげた**ん**です**か**。
장난감을 줬어요.　　　　　　　　おもちゃを あげた**ん**です。

여자 친구가 넥타이를 줬어요.　　かのじょが ネクタイを くれました。
- 언제 줬어요?　　　　　　　　　- いつ くれた**ん**です**か**。
어제 줬어요.　　　　　　　　　　きのう くれた**ん**です。

생일에 목걸이를 받았어요.　　　たんじょうびに ネックレスを もらいました。
- 누구에게 받았어요?　　　　　　- だれに もらった**ん**です**か**。
어머니에게 받았어요.　　　　　　ははに もらった**ん**です。

れんしゅう

☑ 다음 빈칸에 한국어를 일본어로 바꾸어 써 보세요.

1 수수 표현을 사용하여 물건을 주고받는 문장을 만들어 보세요.

> **Hint** 애인 こいびと | ~에게 ~に | 선물 プレゼント | ~을/를 ~を |
> 주다 あげる | ~이/가 ~が | 주다 くれる | 받다 もらう

(나 → 애인)
❶ 애인에게 선물을 줄 거예요. → _____

❷ 애인에게 선물을 줬어요. → _____

(애인 → 나)
❸ 애인이 선물을 줄 거예요. → _____

❹ 애인이 선물을 줬어요. → _____

(애인 → 나)
❺ 애인에게 선물을 받을 거예요. → _____

❻ 애인에게 선물을 받았어요. → _____

2 묻고 답해 보세요.

> **Hint** 누구 だれ | ~에게 ~に | 주다 あげる | 여동생 いもうと | 받다 もらう

❶ A: 누구에게 줄 거예요? → _____

　 B: 여동생에게 줄 거예요. → _____

❷ A: 누구에게 받았어요? → _____

　 B: 여동생에게 받았어요. → _____

184

🔊 말해 봅시다

やって みよう

» 수경이와 기무라가 수경 자매가 받은 선물에 대하여 대화하고 있습니다.

기무라	❶ 수경 씨, 그거 귀엽네요~!
수경	❷ 이거요? 사토 씨에게 받았어요.
기무라	❸ 사토 씨에게 받았다고요?
수경	❹ 네! 여동생에게도 줬어요.
기무라	❺ 그래요?
수경	❻ 저는 한국 김을 줬어요.
기무라	❼ 한국 김이요? 좋네요~!

〜〜〜〜〜〜〜〜〜〜〜〜〜〜〜

きむら　❶ スギョンさん、それ かわいいですねー！

スギョン　❷ これですか。さとうさんに もらいました。

きむら　❸ さとうさんに もらったんですか。

スギョン　❹ はい！ いもうとにも くれたんです。

きむら　❺ そうなんですか。

スギョン　❻ わたしは かんこく のりを あげました。

きむら　❼ かんこく のりですか。 いいですねー！

Word　**それ** 그거　|　**かわいい** 귀엽다　|　**これ** 이거　|　**いもうと** 여동생　|　**〜にも** 〜에게도　|
そうなんですか 그래요?(そうですか의 강조 표현)　|　**わたし** 저, 나　|　**かんこく** 한국　|　**のり** 김

일본의 선물 문화

일본은 선물을 주고받는 문화가 발달되어 있습니다. 명절선물 같은 정기적인 것부터 축하선물이나 여행선물과 같은 비정기적인 것까지, 가까운 사람들에게 신세를 졌다는 성의의 표시로 작은 선물을 하는 것이 당연시되어 있습니다. 이것은 원활한 인간관계를 유지하기 위한 것으로 다소 의무적인 성격을 갖고 있습니다. 선물을 주고받을 때도 상대를 배려하는 마음을 가지며 말하고 행동하는 것이 일본의 선물 문화의 특징입니다.

일본에서는 선물을 건넬 때, 선물을 받는 상대방에게 부담감을 덜어주기 위한 배려의 말로「つまらない ものですが……(별거 아니지만……)」와 같은 겸손한 표현을 사용하는데, 요새 젊은이들끼리는 잘 사용하지는 않습니다. 그리고 받은 선물을 그 자리에서 열어볼 때에는 선물을 준 상대방에게「開けても いいですか(열어봐도 돼요?)」라고 허락을 구하는 한마디를 건네는 것이 좋습니다. 또한 일본은 선물을 싼 포장지나 리본도 선물의 일부라고 생각하는 경우도 있기 때문에 조심스레 뜯어보는 것을 추천합니다.

또 일본에서는「お返し」라고 해서 선물을 준 사람에게 답례로 선물을 되돌려주는 문화가 있습니다. 이러한 사고방식은 감사의 마음도 물론 있지만, 의무적으로 '받으면 돌려줘야 한다'는 이유도 있습니다.

22

りょうりは りえが して くれるんです。

요리는 리에가 해 줘요.

미리 들어볼까요?

🎧 Track 22-01

수경이와 기무라가 평소에 요리를 누가 하는지에 대하여 대화하고 있습니다.

수경 씨, 요리해요?

りょうりは りえが して くれるんです。

오늘의 목표

이번 강에서는 동작의 주고받기에 대해 묻고 답하는 표현을 알아봅시다.

きょうのひょうげん

🎧 Track 22-02

동작의 수수 표현

동작의 수수 표현은 물건이 아닌 동작을 주고받는 표현으로, '~해 주다', '~해 받다'와 같이 쓰입니다. 기본 개념은 물건을 주거나 받을 때 사용하는 수수 표현과 같습니다. 단지 수수 표현「あげる」「くれる」「もらう」앞에 '~해'에 해당하는「~て」를 붙여 말합니다.

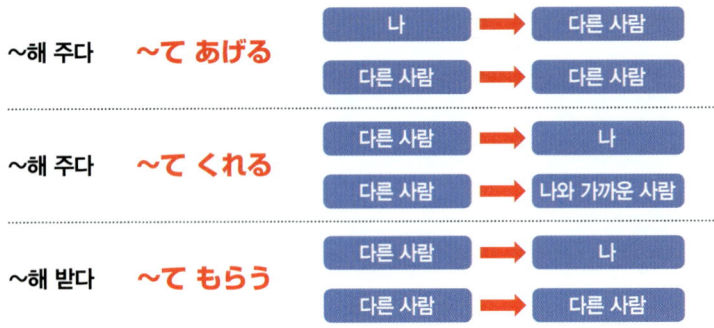

~해 주다	~て あげる	나 ➡ 다른 사람
		다른 사람 ➡ 다른 사람
~해 주다	~て くれる	다른 사람 ➡ 나
		다른 사람 ➡ 나와 가까운 사람
~해 받다	~て もらう	다른 사람 ➡ 나
		다른 사람 ➡ 다른 사람

TIP

「~て もらう」는 우리말로는 어색하지만 직역해서 '~해 받다'라고 합니다.

02

> · ~해 줘요/해 줄 거예요.　　**동사의 て형 + あげます。**

동사의 て형에「あげる」를 붙여, 내가 다른 사람에게, 혹은 다른 사람이 다른 사람에게 동작을 해 주는 것을 표현할 수 있습니다. 정중한 표현은 「~て あげます」입니다.

그림책을 읽어 줘요/읽어 줄 거예요.	えほんを よんで あげます。
밥을 만들어 줘요/만들어 줄 거예요.	ごはんを つくって あげます。
번호를 알려 줘요/알려 줄 거예요.	ばんごうを おしえて あげます。
요리를 해 줘요/해 줄 거예요.	りょうりを して あげます。

03

> · ~해 줘요/해 줄 거예요.　　**동사의 て형 + くれます。**

동사의 て형에「くれる」를 붙여, 다른 사람이 나에게, 혹은 다른 사람이 나와 가까운 사람에게 동작을 해 주는 것을 표현할 수 있습니다. 정중한 표현은 「~て くれます」입니다.

그림책을 읽어 줘요/읽어 줄 거예요.	えほんを よんで くれます。
밥을 만들어 줘요/만들어 줄 거예요.	ごはんを つくって くれます。
번호를 알려 줘요/알려 줄 거예요.	ばんごうを おしえて くれます。
요리를 해 줘요/해 줄 거예요.	りょうりを して くれます。

TIP
「~て あげました」,「~て くれました」와 같이 과거형으로도 말할 수 있습니다.

TIP
「おしえる」는 '알리다'라는 뜻 외에 '가르치다'라는 뜻도 있습니다.

발음 클리닉

えほん [에홍(N)]
ごはん [고항(N)]
ばんごう [방(ŋ)고ー]

- **えほんを よむ**
  그림책을 읽다
- **ごはんを つくる**
  밥을 만들다
- **ばんごうを おしえる**
  번호를 알리다, 가르치다
- **りょうりを する**
  요리를 하다

きょうのひょうげん

04

・〜해 받아요/해 받을 거예요.　　**동사의 て형 + もらいます。**

동사의 て형에 「もらう」를 붙여, 내가 다른 사람에게, 혹은 다른 사람이 다른 사람에게 동작을 해 받는 것을 표현할 수 있습니다. 정중한 표현은 「〜て もらいます」입니다.

그림책을 읽어 받아요/읽어 받을 거예요.

えほんを よんで もらいます。

밥을 만들어 받아요/만들어 받을 거예요.

ごはんを つくって もらいます。

번호를 알려 받아요/알려 받을 거예요.

ばんごうを おしえて もらいます。

요리를 해 받아요/해 받을 거예요.

りょうりを して もらいます。

TIP

「〜て もらいました」와 같이 과거형으로도 말할 수 있습니다.

- ・えほんを よむ
  그림책을 읽다

- ・ごはんを つくる
  밥을 만들다

- ・ばんごうを おしえる
  번호를 알리다, 가르치다

- ・りょうりを する
  요리를 하다

05

> · ~에게 ~해 줘요/해 줄 거예요.　　**대상 に + 동사의 て형 + あげます.**
> · ~이/가 ~해 줘요/해 줄 거예요.　　**대상 が + 동사의 て형 + くれます.**
> · ~에게 ~해 받아요/해 받을 거예요.　**대상 に + 동사의 て형 + もらいます.**

앞서 배운 표현에 다음과 같이 「~て あげる」는 「~に(~에게)」, 「~て く
れる」는 「~が(~이/가)」, 「~て もらう」는 「~に(~에게)」를 사용하여 동
작을 주고받는 대상을 말할 수 있습니다.

아이에게 그림책을 읽어 줘요/읽어 줄 거예요.

こどもに えほんを よんで あげます.

아이가 그림책을 읽어 줘요/읽어 줄 거예요.

こどもが えほんを よんで くれます.

아이에게 그림책을 읽어 받아요/읽어 받을 거예요.

こどもに えほんを よんで もらいます.

어머니에게 밥을 만들어 줘요/만들어 줄 거예요.

ははに ごはんを つくって あげます.

어머니가 밥을 만들어 줘요/만들어 줄 거예요.

ははが ごはんを つくって くれます.

어머니에게 밥을 만들어 받아요/만들어 받을 거예요.

ははに ごはんを つくって もらいます.

「~て もらう」는 직역하면
'~해 받다'이지만, 우리말에는
없는 표현이기 때문에 문장에
따라 주고받는 대상을 바꾸어
'~해 주다'라고 자연스럽게 해
석하는 경우가 있습니다.

(아이가) 그림책을 읽어 줘요/
읽어 줄 거예요.
(어머니가) 밥을 만들어 줘요/
만들어 줄 거예요.

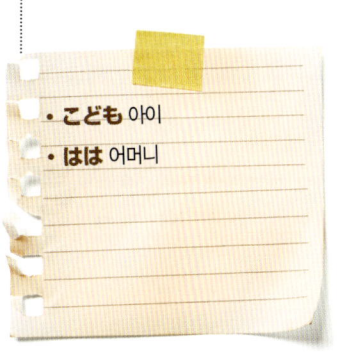

- **こども** 아이
- **はは** 어머니

06

TIP

· 누구에게 ~해 줘요/해 줄 거예요?	**だれに + 동사의 て형 + あげますか。**
· 누가 ~해 줘요/해 줄 거예요?	**だれが + 동사의 て형 + くれますか。**
· 누구에게 ~해 받아요/해 받을 거예요?	**だれに + 동사의 て형 + もらいますか。**

「だれに ~て あげました
か」「だれが ~て くれま
したか」「だれに ~て も
らいましたか」와 같이 과거
형으로도 물어볼 수 있습니다.

의문사「だれ(누구)」와 함께 앞서 배운 표현 뒤에 조사「~か」를 붙여 동
작을 주고받는 대상이 누군지를 질문할 수 있습니다. 「~て あげる」는
「だれに(누구에게)」, 「~て くれる」는「だれが(누가)」, 「~て もらう」는
「だれに(누구에게)」로 주고받는 대상을 나타냅니다.

누구에게 번호를 알려 줘요/알려 줄 거예요?
だれに ばんごうを おしえて あげますか。

누가 번호를 알려 줘요/알려 줄 거예요?
だれが ばんごうを おしえて くれますか。

누구에게 번호를 알려 받아요/알려 받을 거예요?
だれに ばんごうを おしえて もらいますか。

누구에게 요리를 해 줘요/해 줄 거예요?
だれに りょうりを して あげますか。

누가 요리를 해 줘요/해 줄 거예요?
だれが りょうりを して くれますか。

누구에게 요리를 해 받아요/해 받을 거예요?
だれに りょうりを して もらいますか。

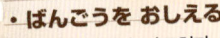

- **ばんごうを おしえる**
  번호를 알리다, 가르치다
- **りょうりを する**
  요리를 하다

きょうの ポイント 오늘의 포인트

1 「～て あげる」의 사용법

한국어의 '～해 줄게요'와는 다르게 「～て あげます」는 '당신에게 이익이 되는 일을 내가 해 주겠다'는 뉘앙스가 강합니다. 따라서 상대에 따라서는 잘못 사용하면 '생색내는 건가?' 혹은 '주제 넘네?'와 같은 안 좋은 인상을 줄 수 있습니다. 이럴 때는 수수 표현 대신에 다음과 같이 「～ます(～할게요)」만을 사용하여 말하는 게 좋습니다.

실례예요	괜찮아요
やって あげます。 해 줄게요.	やります。 할게요.
よんで あげます。 읽어 줄게요.	よみます。 읽을게요.
つくって あげます。 만들이 줄게요.	つくります。 만들게요.
おしえて あげます。 가르쳐 줄게요.	おしえます。 가르칠게요.

■ 「おしえます(가르칠게요)」는 한국어 해석이 조금 어색할 수 있지만 일본어로는 '가르쳐 줄게요'라는 의미로서 자연스러운 표현입니다.

■ 혹은 「～ます」대신 「～ましょうか(～할까요?)」를 사용하여 상대방의 의향을 물어본 뒤 행동에 옮겨도 됩니다.

れんしゅう

☑ 다음 빈칸에 한국어를 일본어로 바꾸어 써 보세요.

1   수수 표현을 사용하여 동작을 주고받는 문장을 만들어 보세요.

> **Hint**
> 밥을 만들다 ごはんを つくる | ~해 주다 ~て あげる |
> 요리를 하다 りょうりを する | ~해 주다 ~て くれる | ~해 받다 ~て もらう

(나 → 다른 사람)
1 밥을 만들어 줄 거예요.   →   ＿＿＿＿＿＿＿＿＿＿＿＿＿＿

2 요리를 해 줄 거예요.   →   ＿＿＿＿＿＿＿＿＿＿＿＿＿＿

(다른 사람 → 나)
3 밥을 만들어 줄 거예요.   →   ＿＿＿＿＿＿＿＿＿＿＿＿＿＿

4 요리를 해 줄 거예요.   →   ＿＿＿＿＿＿＿＿＿＿＿＿＿＿

(다른 사람 → 나)
5 밥을 만들어 받을 거예요.   →   ＿＿＿＿＿＿＿＿＿＿＿＿＿＿

6 요리를 해 받을 거예요.   →   ＿＿＿＿＿＿＿＿＿＿＿＿＿＿

2   묻고 답해 보세요.

> **Hint**
> 누구 だれ | ~이/가 ~が | 그림책을 읽다 えほんを よむ | ~해 주다 ~て くれる
> | 친구 ともだち | ~에게 ~に | 번호를 알리다 ばんごうを おしえる |
> ~해 받다 ~て もらう | 남동생 おとうと

1 A: 누가 그림책을 읽어 줘요?   →   ＿＿＿＿＿＿＿＿＿＿＿＿

  B: 친구가 그림책을 읽어 줘요.   →   ＿＿＿＿＿＿＿＿＿＿＿＿

2 A: 누구에게 번호를 알려 받을 거예요?   →   ＿＿＿＿＿＿＿＿＿＿＿＿

  B: 남동생에게 번호를 알려 받을 거예요.   →   ＿＿＿＿＿＿＿＿＿＿＿＿

📣 말해 봅시다

やって みよう

» 수경이와 기무라가 평소에 요리를 누가 하는지에 대하여 대화하고 있습니다.

기무라	① 수경 씨, 요리해요?
수경	② 아니요, 하지 않아요.
	③ 요리는 리에가 해 줘요.
기무라	④ 우와~! 그래요?
	⑤ 리에에게 만들어 받아요?
수경	⑥ 네, 그래요.
	⑦ 언젠가 저도 만들어 주고 싶어요.

~~~~~~~~~~~~~~~~~~~~~~

きむら　① スギョンさん、りょうりしますか。

スギョン　② いいえ、しません。

③ りょうりは りえが して くれるんです。

きむら　④ へえー! そうなんですか。

⑤ りえに つくって もらうんですか。

スギョン　⑥ ええ、そうです。

⑦ いつか わたしも つくって あげたいです!

Word　**りょうりする** 요리하다　|　**する** 하다　|　**へえ** 우와(놀랐을 때 하는 감탄사)　|
そうなんですか 그래요?(そうですか의 강조 표현)　|　**つくる** 만들다　|　**いつか** 언젠가　|　**〜も** 〜도

일본식 소고기 덮밥(牛丼) 만들기

1. 물 500cc, 간장 4큰술, 설탕 3큰술, 맛술 2큰술, 일본식 액상조미료 2큰술을 섞어 양념을 만듭니다.

2. 초승달 모양으로 자른 양파 1개를 냄비에 넣고, 양념과 함께 중불로 5분간 끓입니다.

3. 얇게 썬 소고기(불고깃감) 500g을 저으면서 넣습니다.

4. 중약불로 끓이면 완성입니다.

5. 밥 위에 얹고 취향에 따라 생강과 함께 먹습니다.

6. 비벼 먹기보다는 젓가락으로 조금씩 섞어가며 먹습니다.

23

あけて もらえますか。

열어 줄 수 있어요?

🎧 Track 23-01

미리 들어볼까요?

수경이와 기무라가 함께 요리를 하면서 대화하고 있습니다.

> あの、これ
> あけて もらえますか。

> 좋아요~!

오늘의 목표

이번 강에서는 정중한 의뢰에 대해 묻고 답하는 표현을 알아봅시다.

きょうのひょうげん

01

🎧 Track 23-02

·～해 줄래요?	**동사의 て형 + くれますか。**

동사의 て형에 「くれる?(줄래?)」를 붙여서 의뢰를 하는 첫 번째 표현으로, 정중한 표현은 「～て くれますか」입니다.

고기를 구워 줄래요?	にくを やいて くれますか。
간장을 집어 줄래요?	しょうゆを とって くれますか。
뚜껑을 열어 줄래요?	ふたを あけて くれますか。
맛을 봐 줄래요?	あじみを して くれますか。

발음 클리닉

しょう**ゆ** [쇼-유]

02

·～해 주지 않을래요?	**동사의 て형 + くれませんか。**

동사의 て형에 부정형인 「くれない?(주지 않을래?)」를 붙여서 의뢰를 하는 두 번째 표현으로, 정중한 표현은 「～て くれませんか」입니다.

고기를 구워 주지 않을래요?	にくを やいて くれませんか。
간장을 집어 주지 않을래요?	しょうゆを とって くれませんか。
뚜껑을 열어 주지 않을래요?	ふたを あけて くれませんか。
맛을 봐 주지 않을래요?	あじみを して くれませんか。

TIP

부정형 「くれませんか」 부분을 「くれないですか」로 바꿔 말하면 의뢰 표현이 되지 않으니 주의해 주세요

- **にくを やく** 고기를 굽다
- **しょうゆを とる** 간장을 집다
- **ふたを あける** 뚜껑을 열다
- **あじみを する** 맛을 보다

03

| ・~해 줄 수 있어요? | **동사의 て형 + もらえますか。** |

동사의 て형에 「もらう」의 가능형인 「もらえる?(줄 수 있어?)」를 붙여서 의뢰를 하는 세 번째 표현으로, 정중한 표현은 「~て もらえますか」입니다.

고기를 구워 줄 수 있어요?	にくを やいて もらえますか。
간장을 집어 줄 수 있어요?	しょうゆを とって もらえますか。
뚜껑을 열어 줄 수 있어요?	ふたを あけて もらえますか。
맛을 봐 줄 수 있어요?	あじみを して もらえますか。

04

| ・~해 줄 수 없을까요? | **동사의 て형 + もらえませんか。** |

동사의 て형에 가능 부정형인 「もらえない?(줄 수 없을까?)」를 붙여서 의뢰를 하는 네 번째 표현으로, 정중한 표현은 「~て もらえませんか」입니다.

고기를 구워 줄 수 없을까요?	にくを やいて もらえませんか。
간장을 집어 줄 수 없을까요?	しょうゆを とって もらえませんか。
뚜껑을 열어 줄 수 없을까요?	ふたを あけて もらえませんか。
맛을 봐 줄 수 없을까요?	あじみを して もらえませんか。

TIP

동사의 가능형은 20강을 참고해 주세요.

TIP

가능형이 아닌 「~て もらいますか」는 '~해 받습니까?'이므로 의뢰 표현이 될 수 없습니다.

TIP

부정형 「もらえませんか」 부분을 「もらえないですか」로 바꿔 말하면 의뢰 표현이 되지 않으니 주의해 주세요.

회화 체크

「~て もらえますか」를 직역하면 '~해 받을 수 있어요?'이고, 「~て もらえませんか」를 직역하면 '~해 받을 수 없을까요?'가 되지만, 자연스럽게 해석했습니다.

05

> · 좋아요.   **いいですよ。**
> · 지금은 좀…….   **いまは ちょっと……。**

네 가지 의뢰 표현에 대한 대답으로 '좋아요'라고 승낙할 때는 「いいですよ」 '지금은 좀…….'이라고 거절할 때는 「いまは ちょっと……」를 사용하여 완곡하게 답할 수 있습니다.

고기를 구워 줄래요?   にくを やいて くれますか。
- 좋아요.   - いいですよ。
- 지금은 좀…….   - いまは ちょっと……。

간장을 집어 주지 않을래요?   しょうゆを とって くれませんか。
- 좋아요.   - いいですよ。
- 지금은 좀…….   - いまは ちょっと……。

뚜껑을 열어 줄 수 있어요?   ふたを あけて もらえますか。
- 좋아요.   - いいですよ。
- 지금은 좀…….   - いまは ちょっと……。

맛을 봐 줄 수 없을까요?   あじみを して もらえませんか。
- 좋아요.   - いいですよ。
- 지금은 좀…….   - いまは ちょっと……。

TIP

거절할 때는 「いまは ちょっと……」와 함께 「それは ちょっと……(그건 좀……)」라는 표현도 있습니다. 직접적으로 '안 돼요'라고 하기보다는 돌려서 말하는 것이 가장 좋습니다만, 강하게 거절해야 할 경우 「わたしには むりです(저에겐 무리예요)」를 사용할 수 있습니다.

· にくを やく 고기를 굽다
· しょうゆを とる 간장을 집다
· ふたを あける 뚜껑을 열다
· あじみを する 맛을 보다

きょうの ポイント 오늘의 포인트

1 네 가지 의뢰 표현의 차이점

(1) 정중도의 차이

일반적으로「~て くれますか」「~て くれませんか」「~て もらえますか」「~て もらえませんか」로 갈수록 더 정중한 의뢰 표현이라고 볼 수 있습니다.

~해 줄래요?	~て くれますか。
~해 주지 않을래요?	~て くれませんか。
~해 줄 수 있어요?	~て もらえますか。
~해 줄 수 없을까요?	~て もらえませんか。

정중도

(2)「くれる」와「もらう」의 구분

(해)주는 사람을 중심으로 이야기하는지, (해)받는 사람을 중심으로 이야기하는지에 따라「くれる」와「もらう」를 구분하여 사용합니다.

① くれる	② もらう
~て くれますか。	~て もらえますか。
~て くれませんか。	~て もらえませんか。

①くれる는 (해)주는 사람을 중심으로 말하는 것이고, ②もらう는 (해)받는 사람을 중심으로 말하는 것입니다.

따라서 상대방이 (해)주는 것에 대해서만 언급하고 싶은 경우에는 ①くれる를, 상대방이 (해)주는 것과 자신이 (해)받는 것에 대해서도 언급하고 싶은 경우에는 ②もらう를 사용합니다.

그런 이유로 자신이 무언가를 의뢰하는 경우에는 상대방을 중심으로 하는 ①くれる를, 의뢰하지 않았는데 상대방에게 무언가를 (해)받았을 때는 ②もらう를 사용하는 경향이 있습니다.

☑ **다음 빈칸에 한국어를 일본어로 바꾸어 써 보세요.**

1 동작의 수수 표현을 사용하여 의뢰 표현을 써 보세요.

> **Hint** 간장을 집다 **しょうゆを とる** ｜ 뚜껑을 열다 **ふたを あける**

① 간장을 집어 줄래요? → _____

② 간장을 집어 주지 않을래요? → _____

③ 간장을 집어 줄 수 있어요? → _____

④ 간장을 집어 줄 수 없을까요? → _____

⑤ 뚜껑을 열어 줄래요? → _____

⑥ 뚜껑을 열어 주지 않을래요? → _____

⑦ 뚜껑을 열어 줄 수 있어요? → _____

⑧ 뚜껑을 열어 줄 수 없을까요? → _____

2 묻고 답해 보세요.

> **Hint** 맛을 보다 **あじみを する** ｜ 고기를 굽다 **にくを やく**

① A: 맛을 봐 줄 수 있어요? → _____

　 B: 지금은 좀……. → _____

② A: 고기를 구워 주지 않을래요? → _____

　 B: 좋아요. → _____

말해 봅시다

やって みよう

» 수경이와 기무라가 함께 요리를 하면서 대화하고 있습니다.

기무라	❶	수경 씨, 간장을 집어 줄래요?
수경	❷	네, 여기요.
기무라	❸	저기, 이거 열리지 않는데,
	❹	열어 줄 수 있어요?
수경	❺	좋아요~!
기무라	❻	음, 이 수프, 맛을 봐 주지 않을래요?
수경	❼	네, 맛있네요~!

〜〜〜〜〜〜〜〜〜〜〜〜〜〜〜〜〜

きむら ❶ スギョンさん、しょうゆを とって くれますか。

スギョン ❷ はい、どうぞ。

きむら ❸ あの、これ あかないんですけど、

❹ あけて もらえますか。

スギョン ❺ いいですよー！

きむら ❻ えっと、この スープ、あじみを して くれませんか。

スギョン ❼ はい、おいしいですねー！

Word **しょうゆ** 간장 ｜ **とる** 집다 ｜ **どうぞ** 여기요(건네줄 때 쓰는 표현) ｜ **これ** 이거 ｜
あく 열리다 ｜ **あける** 열다 ｜ **えっと** 음(생각할 때 내는 소리) ｜ **スープ** 수프 ｜
あじみを する 맛을 보다 ｜ **おいしい** 맛있다

맛과 관련된 표현

여러 가지 독특한 일본 음식이 많이 있는 만큼, 다양한 맛을 일본어로는 어떻게 표현하는
지 알아봅시다.

おいしい, うまい 맛있다	まずい 맛없다
あまい 달다	からい 맵다
すっぱい 시다	にがい 쓰다
しょっぱい, しおからい 짜다	しぶい 떫다
こい 진하다	うすい 담백하다
あっさりする 시원하다	マイルド 마일드(부드럽다)
ジューシー 쥬시(즙이 많다)	フルーティー 프루티(과일 맛이 나다)

24

そうじを する つもりです。

청소를 할 생각이에요.

🎧 Track 24-01

미리 들어볼까요?

수경이와 기무라가 주말 계획에 대하여 대화하고 있습니다.

수경 씨, 이번 주말에 뭘 할 생각이에요?

そうですね……、
そうじを する つもりです。

오늘의 목표

이번 강에서는 예정에 대해 묻고 답하는 표현을 알아봅시다.

きょうのひょうげん

🎧 Track 24-02

> **・〜할 생각/예정이에요.**　　**동사 기본형 + つもりです。**

동사의 기본형에 「つもりだ(생각/예정이다)」를 붙여 예정을 나타내는 첫 번째 표현입니다. 정중한 표현은 「〜つもりです」입니다.

출장을 갈 생각/예정이에요.

しゅっちょうに いく つもりです。

시험을 볼 생각/예정이에요.

しけんを うける つもりです。

산에 올라갈 생각/예정이에요.

やまに のぼる つもりです。

청소를 할 생각/예정이에요.

そうじを する つもりです。

TIP

「いく(가다)」 앞에는 반드시 조사 「〜に」를 사용해야 합니다. 「のぼる(올라가다)」는 조사 「〜に」와 「〜を」 양쪽을 다 사용할 수 있습니다.

TIP

'시험을 보다'는 우리말을 그대로 직역해서 「しけんを みる」와 같이 사용할 수 없습니다. 반드시 「うける」를 사용해서 「しけんを うける」라고 해야 합니다.

발음 클리닉

しゅっちょう [슛쬬―]
そうじ [소―지]
つもり [츠(tsu)모리]

・**しゅっちょうに いく**
　출장을 가다
・**しけんを うける**
　시험을 보다
・**やまに のぼる**
　산에 올라가다
・**そうじを する**
　청소를 하다

「よていです」와 「つもりです」의 차이점에 대해서는 다음 페이지의 오늘의 포인트에서 확인해 주세요.

· ~할 예정이에요.　　　　**동사 기본형 + よていです。**

동사의 기본형에 「よていだ(예정이다)」를 붙여 예정을 나타내는 두 번째 표현입니다. 정중한 표현은 「~よていです」입니다.

출장을 갈 예정이에요.
しゅっちょうに いく よていです。

시험을 볼 예정이에요.
しけんを うける よていです。

산에 올라갈 예정이에요.
やまに のぼる よていです。

청소를 할 예정이에요.
そうじを する よていです。

발음 클리닉

よてい [요떼]

03

· ~(에) 뭘 할 생각/예정이에요? **날짜 + なにを する つもりですか。**

날짜와 「なにを(무엇을)」를 사용하여 앞서 배운 내용으로 어떤 날에 상대방이 무엇을 할 예정인지를 묻는 첫 번째 표현입니다.

이번 주말에 뭘 할 생각/예정이에요?
こんしゅうまつ なにを する つもりですか。

- 청소를 할 생각/예정이에요.
- そうじを する つもりです。

04

· ~(에) 뭔가 예정 있어요? **날짜 + なにか よてい ありますか。**

날짜와 「なにか(뭔가)」를 사용하여 앞서 배운 내용으로 어떤 날에 상대방이 무엇을 할 예정인지를 묻는 두 번째 표현입니다.

내일 뭔가 예정 있어요?
あした なにか よてい ありますか。

- 출장을 갈 예정이에요.
- しゅっちょうに いく よていです。

TIP

어제/오늘/내일, 지난주/이번 주/다음 주, 지난달/이번 달/다음 달, 작년/올해/내년과 같은 날짜를 말하는 표현 뒤에는 조사 「～に」를 붙이지 않는 것이 일반적입니다.

발음 클리닉

こんしゅうまつ
[콘슈―마쯔]

- **こんしゅうまつ** 이번 주말
- **そうじを する** 청소를 하다
- **あした** 내일
- **しゅっちょうに いく** 출장을 가다

きょうの ポイント 오늘의 포인트

1 두 가지 예정 표현의 차이점

「つもりです」와「よていです」는 둘 다 예정을 나타내는 표현이지만, 그 사용법에는 차이가 있습니다.

つもりです	よていです
내 의지	내 의지 / 외부 결정
마음 속 생각	구체적 계획
실행△	반드시 실행

「つもりです」는 내 의지인 경우가 대부분입니다. 마음속에서 그렇게 하겠다고 막연하게 생각하고 있기 때문에, 결과적으로는 그 행동을 실행하기도 하고 하지 않기도 합니다.

반면「よていです」는 내 의지인 경우도 있고 외부에 의해 결정된 사항에 대해서도 이야기할 수 있습니다. 구체적으로 그 행동을 하기 위한 계획을 짜 놓고 실행에 옮기기 위한 준비를 하는 것이기 때문에, 결과적으로는 그 행동을 반드시 실행하는 것이 일반적입니다.

つもりです	よていです
しゅっちょうに いく つもりです。 (날짜나 장소는 아직 안 정함)	しゅっちょうに いく よていです。 (날짜나 장소가 확실히 정해짐)
しけんを うける つもりです。 (시험 종류나 날짜는 아직 안 정함)	しけんを うける よていです。 (시험 종류와 날짜가 정해져 신청함)
やまに のぼる つもりです。 (갈 사람이나 만날 장소, 시간은 아직 안 정함)	やまに のぼる よていです。 (갈 사람과 만날 장소와 시간도 약속함)
そうじを する つもりです。 (어디를 어떻게 언제 할지 아직 안 정함)	そうじを する よていです。 (어디를 어떻게 언제 할지 이미 정함)

예를 들어,「やまに のぼる つもりです」는 어느 산에 오를지, 혹은 누구와 함께 갈 건지, 몇 월 며칠에 갈 건지 등에 대한 구체적인 계획이나 준비는 이뤄지지 않은 상태입니다. 반면「やまに のぼる よていです」는 앞서 말한 사항에 대한 구체적인 계획이나 준비가 이뤄진 상태입니다. 그 밖의 예문도 확인하고 생각해 보세요.

れんしゅう

연습

☑ 다음 빈칸에 한국어를 일본어로 바꾸어 써 보세요.

1 다음 동사를 예정 표현으로 써 보세요.

> **Hint**
> 출장을 가다 **しゅっちょうに いく** | 청소를 하다 **そうじを する** |
> 시험을 보다 **しけんを うける**

1 출장을 갈 생각/예정이에요. → _____

2 출장을 갈 예정이에요. → _____

3 청소를 할 생각/예정이에요. → _____

4 청소를 할 예정이에요. → _____

5 시험을 볼 생각/예정이에요. → _____

6 시험을 볼 예정이에요. → _____

2 묻고 답해 보세요.

> **Hint**
> 내일 **あした** | 청소를 하다 **そうじを する** | 이번 주말 **こんしゅうまつ** |
> 출장을 가다 **しゅっちょうに いく**

1 A: 내일 뭘 할 생각/예정이에요? → _____

　　 B: 청소를 할 생각/예정이에요. → _____

2 A: 이번 주말에 뭔가 예정 있어요? → _____

　　 B: 출장을 갈 예정이에요. → _____

やって みよう

» 수경이와 기무라가 주말 계획에 대하여 대화하고 있습니다.

기무라 ❶ 수경 씨, 이번 주말에 뭘 할 생각이에요?

수경 ❷ 글쎄요……, 청소를 할 생각이에요.

❸ 기무라 씨는 뭔가 예정 있어요?

기무라 ❹ 출장을 갈 예정이에요.

수경 ❺ 어디로 가요?

기무라 ❻ 나고야요.

수경 ❼ 우와~! 나고야요? 좋네요~!

〜〜〜〜〜〜〜〜〜〜〜〜〜〜〜

きむら ❶ スギョンさん、こんしゅうまつ なにを する つもりですか。

スギョン ❷ そうですね……、そうじを する つもりです。

❸ きむらさんは なにか よてい ありますか。

きむら ❹ しゅっちょうに いく よていです。

スギョン ❺ どこに いくんですか。

きむら ❻ なごやです。

スギョン ❼ へぇー! なごやですか。 いいですねー!

Word こんしゅうまつ 이번 주말 | なに 무엇 | そうじを する 청소를 하다 | なにか 뭔가 |
しゅっちょうに いく 출장을 가다 | どこに 어디로 | なごや 나고야(지명)

일본의 숙박업소

일본에서 볼 수 있는 특별한 숙박업소로는 여관, 비즈니스 호텔, 캡슐 호텔 등이 있습니다.

▶ 여관(旅館)

일본식 전통 숙박시설로, 가격이 조금 비싸지만 온천과 전통 요리 등을 즐길 수 있습니다. 객실은 일본식 다다미방인「和室」로 되어 있으며, 방에는 실내복인「浴衣」가 준비되어 있습니다. 객실에서 식사를 즐길 수도 있고, 단체손님을 위한 연회장도 있습니다. 온천은 공동욕실이나 노천탕, 그리고 방 안에 온천이 있는 경우도 많습니다.

▶ 비즈니스 호텔(ビジネスホテル)

출장 등으로 숙박을 하는 회사원이 주된 고객인 호텔로, 대부분 교통편이 좋은 곳에 입지해 있습니다. 숙박업무에 특화되어 있는 것이 특징으로, 음식이나 연회 등의 서비스, 객실 이외의 부대시설, 인건비 등을 최소한으로 하는 대신에 비교적 싼 가격으로 이용할 수 있습니다.

▶ 캡슐 호텔(カプセルホテル)

캡슐 형태의 좁은 방에 간이침대가 배치되어 있는 호텔로, 캡슐 안에는 침구 외에 조명등, 환풍기, 알람시계, 라디오, 소형TV 등이 구비되어 있습니다. 가격이 싸기 때문에 회사원이나 젊은 여행객, 막차를 놓친 사람들이 자주 이용합니다. 시설 내에 사우나가 설치된 곳도 많이 있습니다.

25

あしたから しようと おもって います。

내일부터 하려고 생각하고 있어요.

미리 들어볼까요?

🎧 Track 25-01

기무라가 사온 출장 선물에 대하여 수경이와 리에가 대화하고 있습니다.

어라? 리에, 다이어트는?

あしたから しようと
おもって います。

그래~! 내일부터 하자.

오늘의 목표

이번 강에서는 의지와 권유에 대해 묻고 답하는 표현을 알아봅시다.

きょうのひょうげん

> ・〜**할래/하자**.　　　　　　**동사의 의지/권유형**。

동사의 의지/권유형은 앞으로 무언가를 하려는 자신의 의지를 나타내거나, 상대방에게 적극적으로 권유할 때 표현하기 위한 활용입니다. 한국어로 '하다'라는 말을 의지 표현으로 바꾸면 '할래', 권유 표현으로 바꾸면 '하자'가 됩니다.

① 1그룹 동사의 의지/권유형: 'う단' → 'お단'
'う단'을 'お단'으로, 즉「うくすつぬぶむる」를「おこそとのぼもろ」로 바꾸고「う」를 붙이면 됩니다.

만나다	あう	가다	いく
만날래/만나자.	あ**おう**。	**갈래/가자**.	い**こう**。

이야기하다	はなす	기다리다	まつ
이야기할래/이야기하자.	はな**そう**。	**기다릴래/기다리자**.	ま**とう**。

죽다	しぬ	놀다	あそぶ
죽을래/죽자.	し**のう**。	**놀래/놀자**.	あそ**ぼう**。

마시다	のむ	만들다	つくる
마실래/마시자.	の**もう**。	**만들래/만들자**.	つく**ろう**。

발음 클리닉

あおう [아오—]
いこう [이꼬—]
はなそう [하나소—]
まとう [마또—]
しのう [시노—]
あそぼう [아소보—]
のもう [노모—]
つくろう [츠꾸로—]

- **あう** 만나다
- **いく** 가다
- **はなす** 이야기하다
- **まつ** 기다리다
- **しぬ** 죽다
- **あそぶ** 놀다
- **のむ** 마시다
- **つくる** 만들다

❷ **2그룹 동사의 의지/권유형:** 「る」→ 삭제
「る」를 삭제하고 「よう」를 붙이면 됩니다.

먹다	たべる	자다	ねる
먹을래/먹자.	たべよう。	**잘래/자자.**	ねよう。

❸ **3그룹 동사의 의지/권유형:** 불규칙 동사라 그대로 외워야 합니다.

오다	くる	하다	する
올래/오자.	こよう。	**할래/하자.**	しよう。

TIP

「～ましょう(～합시다)」의 반말/보통체입니다

TIP

의지 표현은 보통 혼잣말로 이야기할 때나 마음 속으로 다짐할 때 사용합니다.

발음 클리닉

たべよう [타베요-]
ねよう [네요-]
こよう [코요-]
しよう [시요-]

• **たべる** 먹다
• **ねる** 자다
• **くる** 오다
• **する** 하다

02

· ~하려고 생각하고 있어요. **동사의 의지/권유형 + と おもって います。**

동사의 의지/권유형에 「~と おもって いる (~하려고 생각하고 있다)」를 붙이면, 의지를 나타낼 수 있습니다. 정중한 표현은 「~と おもって います」입니다.

만나려고 생각하고 있어요.	あおうと おもって います。
가려고 생각하고 있어요.	いこうと おもって います。
이야기하려고 생각하고 있어요.	はなそうと おもって います。
기다리려고 생각하고 있어요.	まとうと おもって います。
죽으려고 생각하고 있어요.	しのうと おもって います。
놀려고 생각하고 있어요.	あそぼうと おもって います。
마시려고 생각하고 있어요.	のもうと おもって います。
만들려고 생각하고 있어요.	つくろうと おもって います。
먹으려고 생각하고 있어요.	たべようと おもって います。
자려고 생각하고 있어요.	ねようと おもって います。
오려고 생각하고 있어요.	こようと おもって います。
하려고 생각하고 있어요.	しようと おもって います。

TIP

「あした、うちゅうに いこうと おもって います (내일 우주에 가려고 생각하고 있어요)」와 같이 실현 가능성이 없는 것에는 사용하지 않습니다. 또한 자신 외에 다른 사람의 의지에 대해서는 사용할 수 없습니다.

TIP

질문을 할 때는 의문사 「なにを(무엇을)」, 「だれと(누구와)」, 「いつ(언제)」, 「どこに(어디에)」 등을 추가하고, 표현 뒤에 조사 「~か」를 붙여 의문문으로 말하면 됩니다.

- **あう** 만나다
- **いく** 가다
- **はなす** 이야기하다
- **まつ** 기다리다
- **しぬ** 죽다
- **あそぶ** 놀다
- **のむ** 마시다
- **つくる** 만들다
- **たべる** 먹다
- **ねる** 자다
- **くる** 오다
- **する** 하다

きょうの ポイント 오늘의 포인트

1 세 가지 의지 표현의 차이점

「～と おもって います」「～つもりです」「～よていです」는 모두 의지를 나타내는 표현이지만,
그 사용법에는 차이가 있습니다.

～と おもって います	～つもりです	～よていです
내 가벼운 의지	내 강한 의지	내 의지 / 외부 결정
마음 속 생각	마음 속 생각	구체적 계획
실행△	실행△	반드시 실행

「～と おもって います」와「～つもりです」는 내 의지로 그렇게 하겠다고 막연하게 생각하고 있는
경우로, 그 행동을 실행하기도 하고 하지 않기도 합니다. 이 둘 중 조금 더 가벼운 의지를 나타내는 것
은「～と おもって います」쪽이며, 조금 더 강한 의지를 나타내는 것은「つもりです」입니다. 반면
「～よていです」는 내 의지와 외부에 의해 결정된 사항 모두에 해당되며 반드시 그 행동을 실행합니다.
즉,「～と おもって います」「～つもりです」「～よていです」로 갈수록 더욱 확실한 예정을 말
하는 것으로, 실행도가 점점 더 높아진다고 볼 수 있습니다.

「あう」로 예문을 만들어 비교해 보면 이 정도의 차이가 있습니다.

あおうと おもって います。　　(만나기로 확실히 정하진 않았지만 언젠간)
　　　　　　　　　　　　　　　만나려고 생각하고 있어요.
あう つもりです。　　　　　　(만날 시간과 장소는 확실히 정하지 않았지만 일단)
　　　　　　　　　　　　　　　만날 생각/예정이에요.
あう よていです。　　　　　　(만날 시간과 장소를 정했기 때문에)
　　　　　　　　　　　　　　　만날 예정이에요.

☑ 다음 빈칸에 한국어를 일본어로 바꾸어 써 보세요.

1 다음 동사를 의지/권유형과 의지 표현으로 만들어 보세요.

> **Hint** 기다리다 **まつ** ┃ 먹다 **たべる** ┃ 하다 **する**

① 기다릴래/기다리자. → _____

② 기다리려고 생각하고 있어요. → _____

③ 먹을래/먹자. → _____

④ 먹으려고 생각하고 있어요. → _____

⑤ 할래/하자. → _____

⑥ 하려고 생각하고 있어요. → _____

2 묻고 답해 보세요.

> **Hint** 무엇 **なに** ┃ ~을/를 **~を** ┃ 먹다 **たべる** ┃ 초밥 **すし** ┃ 어디 **どこ** ┃
> ~에 **~に** ┃ 가다 **いく** ┃ 일본 **にほん**

① A: 뭘 먹으려고 생각하고 있어요? → _____

  B: 초밥을 먹으려고 생각하고 있어요. → _____

② A: 어디에 가려고 생각하고 있어요? → _____

  B: 일본에 가려고 생각하고 있어요. → _____

🔊 말해 봅시다

やって みよう

» 기무라가 사온 출장 선물에 대하여 수경이와 리에가 대화하고 있습니다.

기무라	❶ 이거 출장 선물이에요.
수경	❷ 아, 고마워요! 이거 뭐예요?
리에	❸ 와~! 「せかいの やまちゃん」이네요!
	❹ 이거 굉장히 맛있어, 같이 먹자!
기무라	❺ 어라? 리에, 다이어트는?
리에	❻ 내일부터 하려고 생각하고 있어요.
수경	❼ 그래~! 내일부터 하자.

〰〰〰〰〰〰〰〰〰〰〰〰〰〰〰

きむら　❶ これ おみやげです。

スギョン　❷ あ、ありがとうございます！ これ なんですか。

りえ　❸ わーい！ 「せかいの やまちゃん」 ですね！

❹ これ すごく おいしいよ、いっしょに たべよう！

きむら　❺ あれ？ りえ、ダイエットは？

りえ　❻ あしたから しようと おもって います。

スギョン　❼ そうだよー！ あしたからに しよう。

Word | **これ** 이거 | **おみやげ** (출장이나 여행 후 사오는) 선물, 기념품 | **わーい** 와(놀랐을 때 쓰는 감탄사) |
せかいの やまちゃん 나고야의 명물인 닭 날개 튀김 | **すごく** 굉장히 | **おいしい** 맛있다 |
いっしょに 같이, 함께 | **たべる** 먹다 | **あれ？** 어라?(놀랐을 때 쓰는 감탄사) | **ダイエット** 다이어트 |
あした 내일 | **～から** ~부터 | **そうだよ** 그래 | **～に する** ~로 하다

나고야 향토 명물 음식

나고야에 가면 먹을 수 있는 유명한 음식에 관해 알아봅시다.

▶ ひつまぶし(히쓰마부시)
장어 덮밥인데 중간에 차를 부어서 먹는 것이 특징입니다.

▶ 手羽先(데바사키)
양념된 닭 날개 튀김입니다. 기념품(お土産)용으로 만든 과자도 유명합니다.

▶ みそ煮込みうどん(미소니코미우동)
된장으로 만든 국물로 끓인 우동입니다.

▶ きしめん(기시멘)
파와 유부가 들어간 국물이 있는 면 요리로, 면이 칼국수보다 넓적하게 생긴 것이 특징입니다.

▶ みそカツ(미소카쓰)
진한 된장소스와 함께 먹는 돈가스입니다.

▶ 名古屋モーニング(나고야 모닝)
나고야에서는 어느 찻집이든 아침 시간대에 380엔 정도의 커피를 주문하면 토스트와 삶은 달걀이 서비스로 따라 나옵니다.

26

おおゆきが ふるそうです。

큰눈이 온대요.

미리 들어볼까요?

🎧 Track 26-01

선생님과 수경이가 여행이 취소된 것에 대하여 대화하고 있습니다.

아, 수경 씨,
내일 여행을 간다면서요?

てんきよほうに よると、
おおゆきが ふるそうです。

오늘의 목표

이번 강에서는 정보 전달에 대해 묻고 답하는 표현을 알아봅시다.

きょうのひょうげん

🎧 Track 26-02

· ~한대요.	동사 + **そうです。**
· ~대요.	**い형용사 + そうです。**
· ~하대요.	**な형용사 + そうです。**
· ~래요.	명사 + **だ + そうです。**

네 가지 품사에 '~대, ~래'라는 뜻의 「~そうだ」를 붙여 다른 사람에게 정보를 전달(긍정)하는 표현입니다. 자신이 직접 경험한 일이나 누구나 아는 사실에 대해서는 사용하지 않습니다. 동사, い형용사, な형용사는 그대로, 명사는 「だ」를 붙이고 「そうだ」를 붙여 사용하며, 정중한 표현은 「~そうです」입니다.

여행을 간대요.	りょこうに いくそうです。
큰눈이 온대요.	おおゆきが ふるそうです。
춥대요.	さむいそうです。
친절하대요.	しんせつだそうです。
취소래요.	キャンセルだそうです。

TIP

「そうだった(でした)」와 같이 과거형(긍정)으로는 활용할 수 없습니다. 지나간 일에 대해 말하고 싶을 때는 「いった(갔다)」,「さむかった(추웠다)」,「しんせつだった(친절했다)」,「キャンセルだった(취소였다)」와 같이 앞에 오는 각 품사를 과거형으로 바꾼 뒤 「そうだ」를 붙이면 됩니다.

발음 클리닉

りょこう [료꼬-]
おおゆき [오-유끼]

- **りょこうに いく** 여행을 가다
- **おおゆきが ふる** 큰눈이 오다
- **さむい** 춥다
- **しんせつだ** 친절하다
- **キャンセル** 취소

02

TIP

마찬가지로 「ないそうだった(でした)」와 같이 과거형 (부정)으로는 활용할 수 없습니다. 지나간 일에 대해 말하고 싶을 때는 앞에 오는 각 품사를 과거 부정형으로 바꾼 뒤 「そうだ」를 붙이면 됩니다.

- ·~지 않는대요.　　**동사 ない형 + ないそうです。**
- ·~지 않대요.　　　**い형용사 어간 + く ないそうです。**
- ·~지 않대요.　　　**な형용사 어간 + じゃ ないそうです。**
- ·~이/가 아니래요.　**명사 + じゃ ないそうです。**

네 가지 품사에 '~시 않대, ~이/가 아니래'라는 뜻의 「~ないそうだ」를 붙여 다른 사람에게 정보를 전달(부정)하는 표현입니다. 정중한 표현은 「~ないそうです」입니다.

어행을 가지 않는대요.　りょこうに いかないそうです。
큰눈이 오지 않는대요.　おおゆきが ふらないそうです。
춥지 않대요.　　　　　さむく ないそうです。
친절하지 않대요.　　　しんせつじゃ ないそうです。
취소가 아니래요.　　　キャンセルじゃ ないそうです。

03

· 좋네요.	**いいですね。**
· 안타깝네요/유감이네요.	**ざんねんですね。**
· 큰일이네요/힘들겠네요.	**たいへんですね。**

정보를 전해 듣고 대답하는 표현으로는 「いいですね」 「ざんねんです
ね」 「たいへんですね」 등이 있습니다.

여행을 간대요.
りょこうに いくそうです。
- 좋네요.
- いいですね。

취소래요.
キャンセルだそうです。
- 안타깝네요/유감이네요.
- ざんねんですね。

큰눈이 온대요.
おおゆきが ふるそうです。
- 큰일이네요/힘들겠네요.
- たいへんですね。

발음 클리닉

ざんねん [잔넨]
たいへん [타이헨]

- **りょこうに いく** 여행을 가다
- **キャンセル** 취소
- **おおゆきが ふる** 큰눈이 오다

224

きょうの ポイント 오늘의 포인트

1 정보의 출처를 밝히는 표현

명사 + に よると   ~에 의하면, ~에 따르면

정보를 전달할 때 전달 표현과 함께 그 출처를 말하기 위해서「~に よると」를 사용할 수 있습니다. 이 때「~に よると」의 앞에는 그 출처가 되는 명사를 붙여야 합니다.

てんきよほうに よると きょうは おおゆきが ふるそうです。
일기예보에 의하면/따르면 오늘은 큰눈이 온대요.

しんぶんに よると あしたは さむいそうです。
신문에 의하면/따르면 내일은 춥대요.

せんせいの はなしに よると かれは りょこうに いくそうです。
선생님의 이야기에 의하면/따르면 그는 여행을 간대요.

회화에서는「しんぶんに かいて あったんですが(신문에 써 있었는데요)」나「せんせいに きいたんですが(선생님에게 들었는데요)」와 같이「~んですが」라는 표현도 자주 사용합니다.

2 「~そうです」에 접속하는 동사의 그 밖의 시제

동사는「~て いる」와 동사의 た형에도「そうです」를 사용할 수 있습니다.

큰눈이 온대요.	おおゆきが ふるそうです。
큰눈이 오고 있대요.	おおゆきが ふって いるそうです。
큰눈이 왔대요.	おおゆきが ふったそうです。

れんしゅう

 연습

☑ 다음 빈칸에 한국어를 일본어로 바꾸어 써 보세요.

1 다음 명사와 형용사, 동사를 정보 전달 표현으로 써 보세요.

> **Hint** 큰눈이 오다 **おおゆきが ふる** ㅣ 춥다 **さむい** ㅣ 취소 **キャンセル**

① 큰눈이 온대요. → _____

② 큰눈이 오지 않는대요. → _____

③ 춥대요. → _____

④ 춥지 않대요. → _____

⑤ 취소래요. → _____

⑥ 취소가 아니래요. → _____

2 묻고 답해 보세요.

> **Hint** 여행을 가다 **りょこうに いく** ㅣ 오다 **くる**

① A : 여행을 간대요. → _____

　 B : 좋네요. → _____

② A : 오지 않는대요. → _____

　 B : 안타깝네요. → _____

📢 말해 봅시다

やって みよう

» 선생님과 수경이가 여행이 취소된 것에 대하여 대화하고 있습니다.

天気

선생님	❶	아, 수경 씨, 내일 여행을 간다면서요?
수경	❷	아, 취소됐어요.
선생님	❸	어, 왜요?
수경	❹	일기예보에 따르면,
	❺	큰눈이 온대요.
선생님	❻	그래요? 큰일이네요.
수경	❼	네, 내일 굉장히 춥대요.

〜〜〜〜〜〜〜〜〜〜〜〜〜〜

せんせい　❶ あ、スギョンさん、あした りょこうに いくそうですね。

スギョン　❷ あ、キャンセルに なりました。

せんせい　❸ えっ、どうしてですか。

スギョン　❹ てんきよほうに よると、

　　　　　❺ おおゆきが ふるそうです。

せんせい　❻ そうですか、たいへんですね。

スギョン　❼ ええ、あした すごく さむい そうですよ。

Word　**あした** 내일　|　**りょこうに いく** 여행을 가다　|　**キャンセルに なる** 취소되다　|
どうして 왜, 어째서　|　**てんきよほう** 일기예보　|　**〜に よると** 〜에 의하면, 〜에 따르면　|
おおゆきが ふる 큰눈이 오다　|　**すごく** 굉장히　|　**さむい** 춥다

일본의 기상현상

일본은 우리나라와 같이 사계절이 뚜렷한 편으로, 다음과 같은 특징이 있습니다.

봄(春)은 3~5월로 기온 변화가 심하며 차가운 공기와 강한 햇빛이 공존합니다. 봄이 시작될 무렵 처음으로 부는 강한 남풍인 「春一番」, 4월에 벚꽃이 필 때쯤 날씨가 흐려지는 「花曇り」, 하늘에 뭉게구름이 많고 따뜻하여 지내기 좋은 상태인 「春うららか」, 그리고 황사현상이 대표적인 특징입니다.

여름(夏)은 6~8월로 봄이 끝날 무렵부터 여름에 걸쳐 장마(梅雨)가 계속되기도 하고, 최고 기온이 35도 이상 되는 심한 더위인 「猛暑」가 이어지기도 합니다. 한낮 기온이 30도를 넘기는 것을 「真夏日」라고 하며, 밤 기온이 25도 이상이면 열대야(熱帯夜)라고 합니다.

가을(秋)은 9~11월로 늦더위가 계속되는 「残暑」가 있지만, 맑은 날씨인 「秋晴れ」와 가을 장마인 「秋雨」가 특징입니다. 또한 저녁에 해가 빨리 지는 「早い日没」와 예년보다 빨리 서리가 내리는 「早霜」도 볼 수 있습니다.

겨울(冬)은 12~2월인데 특히 1월 말부터 2월 초에 걸쳐 가장 온도가 내려갑니다. 늦가을부터 초겨울에 걸쳐 따뜻한 날씨인 「小春日和」, 기온이 내려가 호수의 표면이 어는 결빙(結氷), 안개가 낄 때 나뭇가지 등에 얼음이 어는 「霧氷」 등이 특징입니다.

27

つかれて しにそうです。

피곤해 죽을 것 같아요.

미리 들어볼까요?

🎧 Track 27-01

기무라가 수경이에게 손수 만든 도시락을 주면서 대화하고 있습니다.

> 괜찮아요?
> 이거 먹고 힘내요.

> つかれて しにそうです。

오늘의 목표

이번 강에서는 추정에 대해 묻고 답하는 표현을 알아봅시다.

きょうのひょうげん

🎧 Track 27-02

> ・~할 것 같아요.
>
> **동사의 ます형 + そうです。**
> **い형용사 어간 + そうです。**
> **な형용사 어간 + そうです。**

세 가지 품사에 '~할 것 같다'는 뜻의 「~そうだ」를 붙여 추정, 직전(비유), 예상 등을 나타내는 표현입니다. 동사는 ます형에, い형용사, な형용사는 각각 어미 「い」「だ」를 뺀 어간에 붙여 사용합니다. 정중한 표현은 「~そうです」입니다.

피곤해 죽을 것 같아요.(직전(비유))	つかれて しにそうです。
먹을 수 있을 것 같아요.(예상)	たべられそうです。
맛있을 것 같아요.(추정)	おいしそうです。
신선할 것 같아요.(추정)	しんせんそうです。

TIP

「~そうだ」는 앞에 오는 품사의 활용에 따라 의미가 정보 전달과 추정 두 가지로 나뉘어집니다. 추정, 직전, 예상을 나타내는 「~そうだ」의 경우 명사는 사용하지 않습니다.

회화 체크

눈으로 본 것을 직관적으로 나타내는 표현이기 때문에, '~처럼 보여요'라고 해석할 수도 있습니다.

TIP

나의 의지를 나타내는 표현은 「たべられそうです」와 같이 가능형으로 바꾸어 말해야 합니다.

- **つかれて しぬ** 피곤해 죽다
- **たべられる** 먹을 수 있다
- **おいしい** 맛있다
- **しんせんだ** 신선하다

02

> · ~할 것 같지 않아요.　　　**동사의 ます형 + そうに ないです。**
> 　　　　　　　　　　　　　　**동사의 ます형 + そうも ないです。**
> · ~할 것 같지도 않아요.　　**동사의 ます형 + そうにも ないです。**

TIP

「も」를 넣으면 부정의 의미가 강해집니다.

동사의 ます형에 「~そうに ない」「~そうも ない」「~そうにも ない」를 붙여 추정 표현의 부정을 나타내는 표현입니다. 정중한 표현은 「~そうに ないです」「~そうも ないです」「~そうにも ないです」입니다.

먹을 수 있을 것 같지 않아요.	たべられそうに ないです。
먹을 수 있을 것 같지 않아요.	たべられそうも ないです。
먹을 수 있을 것 같지도 않아요.	たべられそうにも ないです。

03

> · ~지 않을 것 같아요.　　**い형용사 어간 + く なさそうです。**
> 　　　　　　　　　　　　　　**な형용사 어간 + じゃ なさそうです。**

형용사의 추정 표현의 부정을 나타내는 표현입니다. い형용사는 어미 「い」를 빼고 「~く なさそうだ」를, な형용사는 「だ」를 빼고 「~じゃ な さそうだ」를 붙입니다. 정중한 표현은 「~く なさそうです」「~じゃ なさそうです」입니다.

맛있지 않을 것 같아요.　　おいしく なさそうです。

신선하지 않을 것 같아요.　　しんせんじゃ なさそうです。

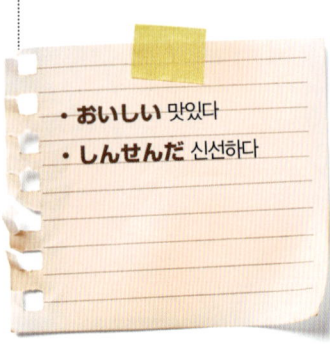

· **おいしい** 맛있다
· **しんせんだ** 신선하다

きょうの ポイント 오늘의 포인트

1 「〜そうです」의 사용법

(1) 특별한 활용

「ない」와 「いい」을 사용해서 추정, 직전, 예상을 말할 때는 활용 방법이 달라지므로 주의합시다.

ない 없다	なさそうです。없을 것 같아요.
いい 좋다	よさそうです。좋을 것 같아요.

(2) 사용할 수 없는 단어

다음과 같이 보고 바로 알 수 있는 단어에는 추정, 직전, 예상 표현을 사용할 수 없습니다.

かわいい(귀엽다)	かわいそうです(×)	かわいいです(○)
おおきい(크다)	おおきそうです(×)	おおきいです(○)
しろい(하얗다)	しろそうです(×)	しろいです(○)

2 「〜そうに/そうも/そうにも ないです」와「〜なさそうです」의 차이 「〜そうじゃ ないです」와「〜なさそうです」의 차이

가벼운 회화에서는 동사를 ない형으로 바꾸고「〜なさそうです」를 붙여「たべられなさそうです」와 같이 말하기도 합니다. 다만 문법적으로 올바르지는 않은 표현입니다. 굳이 차이를 비교해 보자면,「たべられそうに/そうも/そうにも ないです」는 내가 '못 먹을 것 같다'고 강하게 단정짓는 것이고,「たべられなさそうです」는 다른 사람이 '못 먹을 것 같다'고 가볍게 추정하는 뉘앙스입니다.

또한 형용사도「〜そうじゃ ないです」와 같이 뒷부분을 부정으로 바꾸어 말하는 경우도 있습니다. 예를 들면,「おいしく なさそうです」는 내가 어떤 음식을 보고 직감적으로 '맛이 없어 보인다'고 판단하는 것인데 반해,「おいしそうじゃ ないです」는 누군가가 내가 싫어하는 음식을 보면서 맛있을 것 같다고 이야기했을 때 '맛있지 않을 것 같다'고 대답할 때 쓰입니다.

☑ 다음 빈칸에 한국어를 일본어로 바꾸어 써 보세요.

1 다음 동사와 형용사를 추정하는 표현으로 써 보세요.

> **Hint** 먹을 수 있다 **たべられる** ｜ 맛있다 **おいしい** ｜ 신선하다 **しんせんだ**

① 먹을 수 있을 것 같아요. → _____

② 먹을 수 있을 것 같지 않아요. → [に] _____

／ [も] _____

③ 먹을 수 있을 것 같지도 않아요. → _____

④ 맛있을 것 같아요. → _____

⑤ 맛있지 않을 것 같아요. → _____

⑥ 신선할 것 같아요. → _____

⑦ 신선하지 않을 것 같아요. → _____

2 묻고 답해 보세요.

> **Hint** 피곤해 죽다 **つかれて しぬ** ｜ 먹을 수 있다 **たべられる**

① A: 무슨 일이에요?(ん 사용) → _____

B: 피곤해 죽을 것 같아요. → _____

② A: 무슨 일이에요?(ん 사용) → _____

B: 먹을 수 있을 것 같지 않아요. → [に] _____

말해 봅시다

やって みよう

» 기무라가 수경이에게 손수 만든 도시락을 주면서 대화하고 있습니다.

기무라	❶ 수경 씨, 무슨 일이에요?
수경	❷ 피곤해 죽을 것 같아요.
기무라	❸ 괜찮아요?
	❹ 이거 먹고 힘내세요.
수경	❺ 어머나, 맛있어 보인다~!
	❻ 하지만, 지금은 먹을 수 있을 것 같지도 않아요.
기무라	❼ 그럼, 나중에 드세요.

きむら ❶ スギョンさん、どうしたんですか。

スギョン ❷ つかれて しにそうです。

きむら ❸ だいじょうぶですか。

❹ これ たべて げんきに なって ください。

スギョン ❺ あら、おいしそうー！

❻ でも、いまは たべられそうにも ないです。

きむら ❼ じゃ、あとで たべて ください。

Word　**つかれて しぬ** 피곤해 죽다　|　**だいじょうぶだ** 괜찮다　|　**これ** 이거　|　**たべる** 먹다　|
げんきに なる 힘내다, 건강해지다　|　**おいしい** 맛있다　|　**でも** 하지만　|　**いま** 지금　|
たべられる 먹을 수 있다　|　**じゃ** 그럼　|　**あとで** 나중에

일본의 도시락

일본의 만화나 드라마를 보면 여주인공이 좋아하는 선배를 위해 혹은 엄마가 아이를 위해 정성스럽게 만든 예쁜 도시락을 자주 볼 수 있습니다. 이렇게 손수 만든 도시락을 일본어로 「手作り弁当」라고 하는데 아래와 같이 독특한 종류의 도시락이 있습니다.

먼저 「デコ弁」이란 「デコレーション弁当」를 줄인 말로, 주먹밥이나 여러 색의 채소를 모양 틀로 찍어내고 비엔나 소시지, 과일 등을 예쁘게 장식한 도시락을 말합니다.

또 「キャラ弁」은 「キャラクター弁当」를 줄인 말로, 「デコ弁」의 일종입니다. 반찬이나 밥으로 만화나 애니메이션의 캐릭터를 만든 것으로 호빵맨이나 피카츄, 헬로키티 등의 캐릭터가 인기가 많습니다.

그 외에도 「駅売り弁当」를 줄인 말로 「駅弁」이라고 하여 역이나 열차 안에서 판매하는 도시락이 있습니다. 그 지역의 특산물로 만들어지는 경우도 있어 특색있는 도시락을 경험하기 위해 식도락 여행을 가기도 합니다.

28

まつりが あるらしいんですけど。

축제가 있는 것 같던데요.

미리 들어볼까요?

🎧 Track 28-01

수경이와 미호가 축제에 대하여 대화하고 있습니다.

あの、らいしゅう まつりが あるらしいんですけど。

아, 그래요?

오늘의 목표

이번 강에서는 추측과 전형성에 대해 묻고 답하는 표현을 알아봅시다.

きょうのひょうげん

🎧 Track 28-02

·~한 것 같아요/~하다고 해요.	동사 + **らしいです。**
·~인 것 같아요/~다고 해요.	い형용사 + **らしいです。**
·~한 것 같아요/~하다고 해요.	な형용사 어간 + **らしいです。**
·~인 것 같아요/~라고 해요.	명사 + **らしいです。**

「~らしい」는「~そうだ」의 우리말 해석과 같이 '~한 것 같아요/~하다고 해요'입니다. 그러나「~らしい」는「~そうだ」와는 달리 눈앞의 일을 직감적으로 이야기할 때는 사용할 수 없습니다. 다른 사람이나 그 밖의 매개체로부터 얻은 정보를 가지고 근거나 이유가 있는 추측을 할 때, 그 정보나 추측을 기반으로 전달할 때 사용할 수 있습니다. 동사, い형용사, 명사는 그대로, な형용사는 어간에「~らしい」를 붙이며 정중한 표현은「~らしいです」입니다.

축제가 있는 것 같아요/축제가 있다고 해요.
まつりが あるらしいです。

몸이 안 좋은 것 같아요/몸이 안 좋다고 해요.
ぐあいが わるいらしいです。

유명한 것 같아요/유명하다고 해요.
ゆうめいらしいです。

비인 것 같아요/비라고 해요.
あめらしいです。

TIP

동사는「~て いる」, 동사의 た형 뒤에, 형용사와 명사는 과거형 뒤에「~らしいです」를 사용할 수 있습니다.

TIP

뒤에 명사가 올 경우에는「~らしい ひと(~한 것 같은 사람)」와 같이 い형용사처럼 활용하면 됩니다.

발음 클리닉

らしい [라시─]
ゆうめいだ [유─메─다]

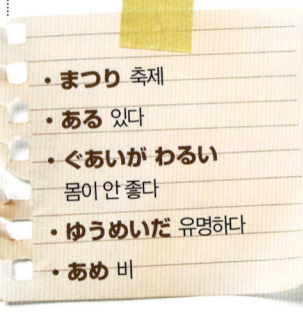

- **まつり** 축제
- **ある** 있다
- **ぐあいが わるい**
  몸이 안 좋다
- **ゆうめいだ** 유명하다
- **あめ** 비

· ~다워요.　　　　　　명사 + **らしいです**。

먼저 배운 '명사+らしい'와는 다른 용법입니다. '그런 성질이나 특성이 있다'는 전형성의 긍정을 나타내는 표현으로, '~답다'라는 뜻입니다. 정중한 표현은 「~らしいです」입니다.

남자다워요.	おとこらしいです。
여자다워요.	おんならしいです。
아이다워요.	こどもらしいです。
학생다워요.	がくせいらしいです。
봄다워요.	はるらしいです。

· ~답지 않아요.　　　　명사 + **らしく ないです**。

명사에 「~らしく ない(~답지 않다)」를 사용해서 전형성의 부정을 나타내는 표현입니다. 정중한 표현은 「~らしく ないです」입니다.

남자답지 않아요.	おとこらしく ないです。
여자답지 않아요.	おんならしく ないです。
아이답지 않아요.	こどもらしく ないです。
학생답지 않아요.	がくせいらしく ないです。
봄답지 않아요.	はるらしく ないです。

TIP

'~인 것 같아요/~라고 해요'와 '~다워요'를 뜻하는 두 가지 '명사+らしい'의 구별은 문장 속에서 어떻게 사용되고 있는지로 알 수 있습니다.

TIP

과거형(긍정)은 「~らしかったです」와 같이 사용할 수 있습니다.

TIP

과거형(부정)은 「~らしく なかったです」와 같이 사용할 수 있습니다.

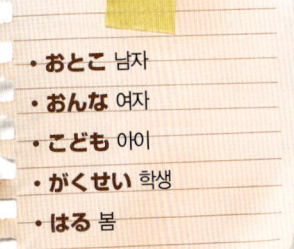

· **おとこ** 남자
· **おんな** 여자
· **こども** 아이
· **がくせい** 학생
· **はる** 봄

명사 + らしさ

· ~다움

「~らしい」의 어미 「い」를 「さ」로 바꾼 뒤 명사에 접속해서 전형성의 긍정을 명사로 만든 표현입니다.

남자다움	おとこらしさ
여자다움	おんならしさ
아이다움	こどもらしさ
학생다움	がくせいらしさ
봄다움	はるらしさ

TIP

「~らしさが ある(~다움이 있다)」、「~らしさが ない(~다움이 없다)」、「~らしさを いかす(~다움을 살리다)」、「~らしさを ひきだす(~다움을 끌어내다)」와 같이 사용할 수 있습니다.

발음 클리닉

おんな [온나]
がくせい [각세ー]

· **おとこ** 남자

· **おんな** 여자

· **こども** 아이

· **がくせい** 학생

· **はる** 봄

きょうの ポイント 오늘의 포인트

1 「そうだ」와「らしい」의 차이

(1) 추측을 나타내는 「そうだ」와「らしい」의 뉘앙스의 차이

추측 표현	정보원	관심도
そうだ	나의 체험	높음
らしい	타인으로부터의 정보	중간/조금 낮음

「そうだ」의 경우는 본인이 직접 보고 그런 것 같다고 느끼고, 또 그렇게 보인다고 생각하는 것입니다. 따라서 정부원은 내가 경험한 나의 체험이며 그 정보에 대한 관심도가 높다고 볼 수 있습니다.

반면「らしい」는 일기예보나 신문, 또는 누군가에게 들은 정보입니다. 따라서 그 정보에 대한 자신의 판단이 적기 때문에 관심도가「そうだ」보다는 낮다고 볼 수 있습니다.

(2) 정보 전달을 나타내는 「そうだ」와「らしい」의 뉘앙스의 차이

정보 전달 표현	정보에 대한 확신
そうだ	○
らしい	△ 혹은 ×

「そうだ」의 경우는 전달하려는 정보에 대한 확신을 가지고 있습니다. 따라서 정보에 대해 의심하지 않고 외부에서 들은 정보를 그대로 전달하는 느낌이라고 볼 수 있습니다.

반면「らしい」의 경우는 전달하려는 정보에 대한 확신이 없어, '이런 정보가 있지만 그게 틀릴 수도 있으며, 그에 대해 책임지지 않을 것이다'라는 느낌으로 전달하는 것이라도 볼 수 있습니다. 단언하는 걸 선호하지 않는 일본인은 정보에 대한 책임을 지지 않아도 되는「らしい」를 일반 대화에서 더 자주 사용하는 경향이 있습니다.

あめが ふるそうです。　　(일기예보에서 봤는데 확실히) 비가 온대요.
あめが ふるらしいです。　(어디선가 들었는데 완전히 확실하진 않지만) 비가 온다는 것 같아요.

れんしゅう

☑ 다음 빈칸에 한국어를 일본어로 바꾸어 써 보세요.

1 다음 명사와 형용사, 동사를 추측하는 표현과 전형성 명사 표현으로 써 보세요

> **Hint**
> 축제 **まつり** ｜ 있다 **ある** ｜ 몸이 안 좋다 **ぐあいが わるい** ｜
> 유명하다 **ゆうめいだ** ｜ 비 **あめ** ｜ 여자 **おんな** ｜ 봄 **はる**

1 축제가 있는 것 같아요. → _____

2 몸이 안 좋은 것 같아요. → _____

3 유명한 것 같아요. → _____

4 비인 것 같아요. → _____

5 여자다움 → _____

6 봄다움 → _____

2 간단하게 써 보세요.

> **Hint** 남자 **おとこ** ｜ 학생 **がくせい**

1 남자다워요. → _____

2 남자답지 않아요. → _____

3 학생다워요. → _____

4 학생답지 않아요. → _____

📢 말해 봅시다

やって みよう

» 수경이와 미호가 축제에 대하여 대화하고 있습니다.

미호	❶	수경 씨, 몸이 안 좋다면서요?
수경	❷	아, 이제 괜찮아요.
미호	❸	다행이네요.
	❹	저기, 다음 주에 축제가 있는 것 같던데요.
수경	❺	아, 그래요?
미호	❻	네, 괜찮으면 같이 어때요?
수경	❼	네, 꼭이요!

～～～～～～～～～～

みほ　❶ スギョンさん、ぐあいが わるいらしいですね。

スギョン　❷ あ、もう だいじょうぶです。

みほ　❸ よかったですね。

❹ あの、らいしゅう まつりが あるらしいんですけど。

スギョン　❺ あ、そうですか。

みほ　❻ はい、よかったら いっしょに どうですか。

スギョン　❼ はい、ぜひ!

Word	
ぐあいが わるい 몸이 안 좋다	**もう** 이제	**だいじょうぶだ** 괜찮다

よかったですね 다행이네요　|　**らいしゅう** 다음 주　|　**まつり** 축제　|　**ある** 있다　|

よかったら 괜찮으면, 괜찮다면　|　**いっしょに** 같이, 함께　|　**ぜひ** 꼭

일본의 축제

　일본의 축제는 「お祭」라고 합니다. 신에게 감사, 기원을 하거나 죽은 사람의 넋을 위로하기 위해 신불 및 선조의 제사를 지내며 제물을 바치기도 합니다. 일본에서 가장 유명한 축제로는 '기온마쓰리', '덴진마쓰리', '간다마쓰리'가 있습니다.

▶ 기온마쓰리(祇園祭)

　7월 1일부터 한 달 간 교토의 「八坂神社」에서 열립니다. 역병과 악귀를 퇴치하기 위해 시작된 것으로, 헤이안 시대 (8~12세기)부터 천년 이상 시행되고 있는 전통 있는 축제입니다. 전야제인 「宵山」, 신을 모시는 가마를 끌고 행진하는 「山鉾巡行」, 「神輿渡御」가 유명합니다.

▶ 덴진마쓰리(天神祭)

　6월 하순부터 7월 25일까지 한 달 간 오사카의 「天満宮」를 중심으로 열립니다. 25일 본궁의 밤은 「大川」에 수많은 배가 다니는 「船渡御」가 열리고, 불꽃을 쏘아 올리는 「奉納花火」를 합니다.

▶ 간다마쓰리(神田祭)

　5월 중순에 도쿄 「神田明神」에서 열립니다. '일본의 3대 마쓰리'의 하나이기도 하지만 '에도 3대 마쓰리'의 하나이기도 합니다. 매년 5월 15일에 엄숙한 행사인 「例大祭」가 열립니다.

29

まるで あきの ようですね。
마치 가을 같네요.

미리 들어볼까요?

🎧 Track 29-01

수경이와 미호가 함께 축제에 가서 대화하고 있습니다.

오늘은 선선하네요.

そうですね。
まるで あきの ようですね。

오늘의 목표

이번 강에서는 단정과 비유에 대해 묻고 답하는 표현을 알아봅시다.

きょうのひょうげん

01

🎧 Track 29-02

- ~하는 것 같아요.　　**동사 + ようです。**
- ~인 것 같아요.　　**い형용사 + ようです。**
- ~한 것 같아요.　　**な형용사 어간 + な + ようです。**
- ~인 것 같아요.　　**명사 + の + ようです。**

「~ようだ」는 '~것 같다'는 뜻으로 완곡하게 단정하는 표현입니다. 동사, い형용사는 그대로, な형용사는 어미「だ」를 없앤 어간에「な」명사는「の」에「~ようだ」를 붙여 말합니다. 정중한 표현은「~ようです」입니다.

시작되는 것 같아요.	はじまるようです。
맛있는 것 같아요.	おいしいようです。
번화한 것 같아요.	にぎやかな ようです。
가을인 것 같아요.	あきの ようです。

회화 체크

「~ようです」는 '~한 모양이에요/~인 모양이에요'라고 해석하기도 합니다.

TIP

동사는「~て いる」동사의 た형 뒤에「~ようです」를 사용할 수 있습니다.

발음 클리닉

ようだ [요–다]

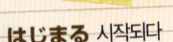

- **はじまる** 시작되다
- **おいしい** 맛있다
- **にぎやかだ** 번화하다
- **あき** 가을

02

> · ~하는 것 같아요.　　　**동사 + みたいです。**
> · ~인 것 같아요.　　　　**い형용사 + みたいです。**
> · ~한 것 같아요.　　　　**な형용사 어간 + みたいです。**
> · ~인 것 같아요.　　　　**명사 + みたいです。**

「~みたいだ」는 '~것 같다'는 뜻으로 완곡하게 단정하는 또 다른 표현입니다. 동사, い형용사, 명사는 그대로, な형용사는 어미「だ」를 없애고「みたいだ」를 붙여 말합니다. 정중한 표현은「~みたいです」입니다.

시작되는 것 같아요.	はじまるみたいです。
맛있는 것 같아요.	おいしいみたいです。
번화한 것 같아요.	にぎやかみたいです。
가을인 것 같아요.	あきみたいです。

TIP

마찬가지로 동사는「~て いる」동사의 た형 뒤에「~みたいです」를 사용할 수 있습니다.

TIP

「~ようだ」보다는「~みたいだ」쪽이 조금 더 가벼운 회화체라고 할 수 있습니다.

03

| · 마치 ~같아요. | **まるで 명사＋の＋ようです。** |
| · 마치 ~같아요. | **まるで 명사＋みたいです。** |

명사에 「~ようです(~같아요)」「~みたいです(~같아요)」를 붙여서 비유를 나타내는 표현으로, '마치'라는 뜻의 「まるで」와 함께 자주 사용합니다.

마치 꿈 같아요.	まるで ゆめの ようです。
마치 천사 같아요.	まるで てんしの ようです。
마치 드라마 같아요.	まるで ドラマの ようです。

마치 꿈 같아요.	まるで ゆめみたいです。
마치 천사 같아요.	まるで てんしみたいです。
마치 드라마 같아요.	まるで ドラマみたいです。

TIP

「~ようでした」나 「~みたいでした」와 같이 과거형으로 사용할 수 있습니다.

TIP

질문을 할 때는 「どう おもいますか(어떻게 생각해요?)」라고 물어보면 됩니다.

발음 클리닉

てんし [텐시]

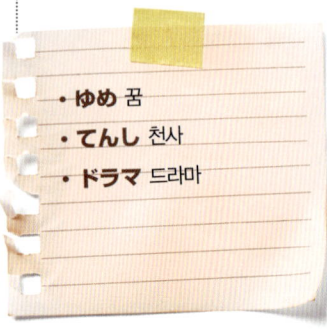

- ゆめ 꿈
- てんし 천사
- ドラマ 드라마

きょうの ポイント 오늘의 포인트

1 네 가지 추측 표현의 뉘앙스 차이

추측을 나타내는「そうだ」「らしい」「ようだ」「みたいだ」의 뉘앙스의 차이에 대해 알아봅시다.

추측 표현	정보원	관심도
そうだ	나의 체험	높음
ようだ/みたいだ	나의 체험 타인으로부터의 정보	조금 높음/중간
らしい	타인으로부터의 정보	중간/조금 낮음

「そうだ」의 정보원은 내가 경험한 나의 체험이기 때문에 그 정보에 대한 관심도가 높다고 볼 수 있습니다. 또한「らしい」는 타인이나 다른 매개체로부터의 정보이기 때문에, 그 정보에 대한 관심도가「そうだ」보다는 낮다고 볼 수 있었습니다(28강 참조).

이 둘의 정보원을 모두 가진 것이「ようだ/みたいだ」입니다. 타인으로부터의 정보 혹은 자신의 체험을 토대로 그것을 관찰하여 판단을 하는 것입니다. 따라서「そうだ」보다는 그 정보에 대한 관심도가 조금 낮고「らしい」보다는 높은 정도라고 생각할 수 있습니다.

「ぐあいが わるい(몸이 안 좋다)」를 사용해서 뉘앙스를 비교해 보면 다음과 같습니다.

ぐあいが わるそうです。　　　(얼굴색도 좋지 않고, 식은 땀을 흘리는 걸 보니)
　　　　　　　　　　　　　　　몸이 안 좋은 것 같아요.
ぐあいが わるいようです。　　(친구한테 감기에 걸렸다고 들었고, 얼굴색도 좋지 않은데다가
ぐあいが わるいみたいです。　식은 땀을 흘리는 걸 보니)
　　　　　　　　　　　　　　　몸이 안 좋은 것 같아요.
ぐあいが わるいらしいです。　(친구한테 감기에 걸렸다고 들었는데) 몸이 안 좋은 것 같아요.

타인으로부터의 정보를 근거로 하는「ようだ/みたいだ」와「らしい」를 비교했을 때는,「ようだ/みたいだ」는 그 근거가 주관적이며 자신의 판단이 많이 들어가 있습니다. 반면「らしい」는 그 근거가 객관적이며 자신의 판단이 적다고 볼 수 있습니다.

れんしゅう

☑ 다음 빈칸에 한국어를 일본어로 바꾸어 써 보세요.

1　다음 명사와 형용사, 동사를 단정하거나 비유하는 표현으로 써 보세요.

> **Hint**　시작되다 **はじまる**　|　맛있다 **おいしい**　|　가을 **あき**

① 시작되는 것 같아요.　　→ [ようだ] _____

　　　　　　　　　　　　　/ [みたいだ] _____

② 맛있는 것 같아요.　　　→ [ようだ] _____

　　　　　　　　　　　　　/ [みたいだ] _____

③ 마치 가을 같아요.　　　→ [ようだ] _____

　　　　　　　　　　　　　/ [みたいだ] _____

2　묻고 답해 보세요.

> **Hint**　어떻게 **どう**　|　생각하다 **おもう**　|　꿈 **ゆめ**　|　드라마 **ドラマ**

① A: 어떻게 생각해요?　→ _____

　 B: 마치 꿈 같아요.　　→ [ようだ] _____

② A: 어떻게 생각해요?　→ _____

　 B: 마치 드라마 같아요.　→ [みたいだ] _____

📢 말해 봅시다

やって みよう

» 수경이와 미호가 함께 축제에 가서 대화하고 있습니다.

미호　①　오늘은 선선하네요.

수경　②　그러네요. 마치 가을 같네요.

미호　③　저기, 축제는 몇 시부터예요?

수경　④　슬슬 시작되는 것 같네요.

미호　⑤　뭔가 먹지 않을래요?

수경　⑥　좋네요! 모두 닭꼬치를 먹고 있어요.

미호　⑦　그러네요! 여기는 닭꼬치가 맛있는 것 같네요.

〜〜〜〜〜〜〜〜〜〜〜

みほ　①　きょうは すずしいですね。

スギョン　②　そうですね。 まるで あきの ようですね。

みほ　③　あの、まつりは なんじからですか。

スギョン　④　そろそろ はじまるみたいですね。

みほ　⑤　なにか たべませんか。

スギョン　⑥　いいですね! みんな やきとりを たべて いますよ。

みほ　⑦　そうですね! ここは やきとりが おいしいようですね。

Word　　**きょう** 오늘　|　**すずしい** 선선하다, 시원하다　|　**あき** 가을　|　**まつり** 축제　|
なんじ 몇 시　|　**〜から** 〜부터　|　**そろそろ** 슬슬　|　**はじまる** 시작되다　|　**なにか** 뭔가　|
たべる 먹다　|　**みんな** 모두　|　**やきとり** 닭꼬치　|　**ここ** 여기　|　**おいしい** 맛있다

축제 음식

일본의 축제가 열리면 포장마차에서 여러 가지 음식을 팝니다. 어떤 것들이 있는지 알아봅시다.

たこやき	공 모양의 밀가루 반죽에 낙지를 넣어 만든 요리
やきそば	면을 돼지고기, 양배추, 당근, 양파, 어패류 등과 볶은 요리
おこのみやき	밀가루와 돼지고기, 양배추, 어패류 등을 겹겹이 올려 구운 철판요리
いかやき	구운 오징어
やきとうもろこし	구운 옥수수
たいやき	붕어빵
りんごあめ	시럽이나 엿을 입힌 사과
わたあめ	솜사탕
チョコバナナ	초콜릿을 입힌 바나나
クレープ	크레이프

30

ぺらぺら はなせるように なりましたね。

술술 이야기할 수 있게 되었네요.

미리 들어볼까요?

🎧 Track 30-01

기무라가 수경이의 일본어 실력에 대하여 칭찬하고 있습니다.

にほんごが ぺらぺら
はなせるように なりましたね。

고마워요. 매일 2시간
공부하도록 하고 있어요.

오늘의 목표

이번 강에서는 노력과 변화에 대해 묻고 답하는 표현을 알아봅시다.

きょうのひょうげん

 01

🎧 Track 30-02

· ~하도록 할게요. **동사의 기본형 + ように します。**

동사의 기본형에 「~ように する」를 붙여 '~하도록 하겠다'라는 노력을
나타내는 표현입니다. 정중한 표현은 「~ように します」입니다.

이야기하도록 할게요.	はなすように します。
외우도록 할게요.	おぼえるように します。
일어나도록 할게요.	おきるように します。
공부하도록 할게요.	べんきょうするように します。

동사 「おぼえる」는 '외우다'
란 뜻 외에 '기억하다, 익히다'
라는 뜻으로도 자주 사용됩니
다.

동사 「おきる」는 '자고 일어
나다'라는 의미도 있지만, '사
고가 일어나다, 지진이 일어나
다'와 같이 '어떤 사건이나 일
이 발생하다'란 뜻도 가지고
있습니다.

ように [요-니]

· **はなす** 이야기하다

· **おぼえる** 외우다

· **おきる** 일어나다

· **べんきょうする** 공부하다

02

· ~하도록 하고 있어요.　**동사의 기본형 + ようにして います。**

동사의 기본형에 「~ように して いる」를 붙여 '~하도록 하고 있다'라는 노력을 나타내는 또 다른 표현입니다. 「~て いる」를 사용함으로써 '항상 노력하고 있다'는 의미가 됩니다. 정중한 표현은 「~ように して います」입니다.

이야기하도록 하고 있어요.　　はなすように して います。

외우도록 하고 있어요.　　おぼえるように して います。

일어나도록 하고 있어요.　　おきるように して います。

공부하도록 하고 있어요.　　べんきょうするようにしています。

TIP

「いつも(항상)」, 「まいにち(매일)」 등을 함께 사용하면 노력을 나타내는 데 더 효과적입니다.

 03

· ~하게 되었어요.　　**동사의 기본형 + ように なりました。**

동사의 기본형에 「~ように なった」를 붙여 '~하게 되었다'라는 변화를 나타내는 표현입니다. 정중한 표현은 「~ように なりました」입니다.

이야기하게 되었어요.	はなすように なりました。
외우게 되었어요.	おぼえるように なりました。
일어나게 되었어요.	おきるように なりました。
공부하게 되었어요.	べんきょうするように なりました。

TIP

이미 일어난 변화를 나타낼 때에는 과거형으로 사용하는 것이 일반적입니다.

TIP

앞서 배운 모든 표현을 질문으로 만들려면 어미에 모두 조사 「~か」를 붙이기만 하면 됩니다.

 04

· ~하게 되어 있어요.　　**동사의 기본형 + ように なって います。**

동사의 기본형에 「~ように なって いる」를 붙여 '~하게 되어 있다'라는 규칙을 나타내는 표현입니다. 변화가 굳어져 그렇게 규칙으로 정해져 있다는 의미가 됩니다. 정중한 표현은 「~ように なって います」입니다.

이야기하게 되어 있어요.	はなすように なって います。
외우게 되어 있어요.	おぼえるように なって います。
일어나게 되어 있어요.	おきるように なって います。
공부하게 되어 있어요.	べんきょうするように なっています。

발음 클리닉

なって [낟떼]

- **はなす** 이야기하다
- **おぼえる** 외우다
- **おきる** 일어나다
- **べんきょうする** 공부하다

きょうの ポイント 오늘의 포인트

1 「~ように」의 또 다른 사용법

~ように   ~하도록

(1) 명령하는 표현

「~ように」를 문장 끝에 사용하면 명령하는 표현으로 사용할 수 있습니다. 딱딱하게 명령할 때 사용하는데, 뒤에 「して ください(해 주세요)」가 생략된 표현이라고 생각하면 됩니다.

이야기하도록.	はなすように。
기억하도록.	おぼえるように。
일어나도록.	おきるように。
공부하도록.	べんきょうするように。

(2) 기원, 염원을 나타내는 표현

「~ように」를 문장 끝에 사용하면 기원, 염원을 나타내는 표현으로도 사용할 수 있습니다. 좋은 상황이 되도록 바라는 것으로, 뒤에 「ねがって います(바라고 있어요)」가 생략된 표현이라고 생각하면 됩니다.

멋진 하루가 되도록.	すてきな いちにちに なりますように。
세상이 평화롭도록.	せかいが へいわで ありますように。
모두 행복해지도록.	みんな しあわせに なりますように。
좋은 일이 많이 있도록.	いいことが たくさん ありますように。

れんしゅう

☑ 다음 빈칸에 한국어를 일본어로 바꾸어 써 보세요.

1   다음 동사를 노력, 변화, 규칙 표현으로 써 보세요.

> **Hint**   이야기하다 **はなす** | 공부하다 **べんきょうする**

① 이야기하도록 할게요. → _____

② 이야기하도록 하고 있어요. → _____

③ 이야기하게 되었어요. → _____

④ 이야기하게 되어 있어요. → _____

⑤ 공부하도록 할게요. → _____

⑥ 공부하도록 하고 있어요. → _____

⑦ 공부하게 되었어요. → _____

⑧ 공부하게 되어 있어요. → _____

2   묻고 답해 보세요.

> **Hint**   아침 일찍 **あさ はやく** | 일어나다 **おきる** | 한자 **かんじ** |
> ~을/를 외울 수 있다 **~が おぼえられる**

① A : 아침 일찍 일어나도록 하고 있어요? → _____

  B : 네, 아침 일찍 일어나도록 하고 있어요. → _____

② A : 한자를 외울 수 있게 되었어요? → _____

  B : 네, 한자를 외울 수 있게 되었어요. → _____

🔊 말해 봅시다

やって みよう

» 기무라가 수경이의 일본어 실력에 대하여 칭찬하고 있습니다.

기무라	**1**	수경 씨, 굉장하네요!
	2	일본어를 술술 이야기할 수 있게 되었네요.
수경	**3**	고마워요.
	4	매일 2시간 공부하도록 하고 있어요.
기무라	**5**	그래요~?
	6	앞으로도 힘내세요!
수경	**7**	네! 열심히 할게요.

〰〰〰〰〰〰〰〰〰〰〰

きむら **1** スギョンさん、すごいですね!

2 にほんごが ぺらぺら はなせるように なりましたね。

スギョン **3** ありがとうございます。

4 まいにち にじかん べんきょうするように して います。

きむら **5** そうなんですかー!

6 これからも がんばって くださいね!

スギョン **7** はい! がんばります。

Word **すごい** 굉장하다 | **ぺらぺら** 술술(유창하게 말하는 모습) | **はなせる** 이야기할 수 있다 |
まいにち 매일 | **にじかん** 2시간 | **べんきょうする** 공부하다 |
そうなんですか 그래요?(そうですか의 강조 표현) | **これからも** 앞으로도 | **がんばる** 힘내다, 열심히 하다

말하는 것과 관련된 의태어와 의성어

일본어에도 다양한 의태어와 의성어가 있습니다. 그 중에서도 말하는 것과 관련된 표현에 대해 알아봅시다.

ぺらぺら	외국어를 유창하게 잘하는 모양: 술술 말하면 안 되는 것을 아무 생각 없이 말하는 모양: 나불나불
ひそひそ	다른 사람에게 들리지 않도록 속삭이는 모양: 소곤소곤
ぶつぶつ	낮은 소리로 중얼거리거나 불만을 늘어놓는 모양: 중얼중얼, 투덜투덜
ぽんぽん	마음속에 있는 말을 서슴없이 이야기하는 모양: 툭툭
がんがん	시끄럽게 잔소리하는 모양: 꽥꽥
ぶうぶう	불평이나 잔소리를 하는 모양: 투덜투덜, 툴툴
わいわい	여럿이 시끄럽게 떠들어 대는 모양: 왁자지껄, 와글와글
ぺちゃくちゃ	시끄럽게 떠드는 모양: 재잘재잘, 쫑알쫑알

부록

연습 정답 & 동사 활용표

01강 | 20쪽

1 おひさしぶりです。
2 おげんきでしたか。
3 がんばって ください。
4 おうえんして います。

02강 | 28쪽

1 ❶ A：たんじょうびに なにが ほしいですか。
　　B：くるまが ほしいです。
❷ A：クリスマスに なにが ほしいですか。
　　B：なにも ほしく ないです。
❸ A：きて ほしいですか。
　　B：はい、きて ほしいです。
❹ A：さそって ほしいですか。
　　B：いいえ、さそわないで ほしいです。

03강 | 36쪽

1 A：どうしたんですか。
　　B：みちに まよって しまいました。
　　A：それは たいへんですね。

2 A：どうしたんですか。
　　B：さいふを おとして しまいました。
　　A：それは ざんねんですね。

3 A：どうしたんですか。
　　B：グラスを わって しまいました。
　　A：それは たいへんですね。

04강 | 44쪽

1 ❶ パスポートを つくって おきました。
❷ おかねを ためて おきました。
❸ ごはんを たべて おきました。
❹ ガイドブックを かって おいて ください。
❺ チケットを よやくして おいて ください。
❻ ほんを よんで おいて ください。

2 ❶ A：パスポートは どうしましょうか。
　　B：つくって おいて ください。
❷ A：チケットは よやくしましたか。
　　B：はい、もう よやくして おきました。

05강 | 52쪽

1 ❶ きいて みます。
❷ きいて みて ください。
❸ きいて みましょう。
❹ いって みます。
❺ いって みて ください。
❻ いって みましょう。

2 ❶ A：たべて みませんか。
　　B：いいですね。
❷ A：のんで みませんか。
　　B：ちょっと、かんがえて みます。

06강 | 60쪽

1 ❶ かって いきます。
❷ かって いって ください。
❸ かって きます。
❹ かって きて ください。
❺ たべて いきます。

⑥ たべて いって ください。
⑦ たべて きます。
⑧ たべて きて ください。

2 ① A：ばんごはん たべて きますか。
　　B：はい、たべて いきます。
② A：かばん もって きますか。
　　B：はい、もって いきます。

07강 ｜ 68쪽

1 ① のんでも いいです。
② すわっても いいです。
③ たべても いいです。
④ あそんでも いいです。

2 ① A：のんでも いいですか。
　　B：すみません、ちょっと……。
② A：すわっても いいですか。
　　B：どうぞ。
③ A：たべても いいですか。
　　B：いいですよ。
④ A：とっても いいですか。
　　B：もちろんです。

08강 ｜ 76쪽

1 ① しゃしんを とっては いけません。
　　／しゃしんを とっては だめです。
② おおきい こえで はなしては いけません。
　　／おおきい こえで はなしては だめです。
③ でんわを しては いけません。
　　／でんわを しては だめです。

2 ① A：しゃしんを とっては いけませんか。
　　B：はい、いけません。
② A：さけんでは だめですか。
　　B：いいえ、だいじょうぶです。

09강 ｜ 84쪽

1 ① のまなくても いいです。
② のまなければ いけません。
　　／のまなければ なりません。
③ でなくても いいです。
④ でなければ いけません。
　　／でなければ なりません。
⑤ きに しなくても いいです。
⑥ きに しなければ いけません。
　　／きに しなければ なりません。

2 ① A：くすりを のまなくても いいですか。
　　B：はい、のまなくても いいです。
② A：びょういんへ いかなければ いけませんか。
　　B：はい、いかなければ いけません。

10강 ｜ 92쪽

1 おつかれさまでした。
2 おさきに しつれいします。
3 おきを つけて。
4 きを つけて(ね)。

11강 | 102쪽

1 ❶ はを みがいてから、ごはんを たべます。
　❷ はを みがいたあとで、ごはんを たべます。
　❸ ごはんを たべてから、はを みがきます。
　❹ ごはんを たべたあとで、はを みがきます。
　❺ かおを あらってから、シャワーを あびます。
　❻ かおを あらったあとで、シャワーを あびます。

2 ❶ A：ごはんを たべてから、はを みがきますか。それとも、はを みがいてから、ごはんを たべますか。
　　　B：ごはんを たべてから、はを みがきます。
　❷ A：かみを あらったあとで、かおを あらいますか。それとも、かおを あらったあとで、かみを あらいますか。
　　　B：かみを あらったあとで、かおを あらいます。

12강 | 110쪽

1 ❶ すもうを みた ことが あります。
　❷ すもうを みた ことは ないです。
　❸ まつりに さんかした ことが あります。
　❹ まつりに さんかした ことは ないです。
　❺ ディズニーランドへ いった ことが あります。
　❻ ディズニーランドへ いった ことは ないです。

2 ❶ A：まつりに さんかした ことが ありますか。
　　　B：いいえ、ないです。
　❷ A：ふじさんに のぼった ことは ないですか。
　　　B：はい、ないです。

13강 | 118쪽

1 ❶ くすりを のんだ ほうが いいです。
　❷ ぐっすり ねた ほうが いいです。
　❸ あつぎを した ほうが いいです。
　❹ ゆっくり やすんだ ほうが いいです。
　❺ びょういんへ いった ほうが いいです。

2 ❶ A：どうしたんですか。
　　　B：かぜを ひいたんです。
　　　A：くすりを のんだ ほうが いいです。
　❷ A：どうしたんですか。
　　　B：かぜを ひいたんです。
　　　A：ぐっすり ねた ほうが いいです。

14강 | 126쪽

1 ❶ りょこうに いったり、バイトを したり します。
　❷ かんこくごを おしえたり、つうやくを したり します。
　❸ バイトを したり、かんこくごを おしえたり します。
　❹ にほんごを おしえたり、りょこうに いったり しました。
　❺ つうやくを したり、にほんごを おしえたり しました。
　❻ バイトを したり、つうやくを したり しました。

2 ❶ A：ふゆやすみは なにを しますか。
　　　B：りょこうに いったり、バイトを したり します。
　❷ A：なつやすみは なにを しますか。
　　　B：つうやくを したり します。

15강 | **134쪽**

1 ❶ さむかったり、あつかったり します。
❷ あつかったり、さむかったり します。
❸ いそがしかったり、ひまだったり します。
❹ ひまだったり、いそがしかったり します。
❺ しずかだったり、にぎやかだったり します。
❻ にぎやかだったり、しずかだったり します。

2 ❶ A：さいきんは どうですか。
B：いそがしかったり、ひまだったり し
ます。
❷ A：かぜは どうですか。
B：さむかったり、あつかったり します。

16강 | **142쪽**

1 ❶ ヒーターが つけて あります。
❷ ヒーターが けして あります。
❸ まどが あけて あります。
❹ まどが しめて あります。
❺ でんきが けして あります。
❻ でんきが つけて あります。

2 ❶ A：まどは？
B：しめて あります。
❷ A：ドアは？
B：あけて あります。

17강 | **150쪽**

1 ❶ くるだろう。
❷ くるでしょう。
❸ いそがしいだろう。
❹ いそがしいでしょう。

❺ ひまだろう。
❻ ひまでしょう。

2 ❶ A：くるでしょう？
B：どうでしょう……。
❷ A：こうこうせいでしょう？
B：たぶん こうこうせいでしょう。

18강 | **158쪽**

1 ❶ おくれるかも しれません。
❷ おくれると おもいます。
❸ かぜかも しれません。
❹ かぜだと おもいます。
❺ むりかも しれません。
❻ むりだと おもいます。

2 ❶ A：きますか。
B：ちょっと おくれるかも しれません。
❷ A：いきますか。
B：たぶん むりだと おもいます。

19강 | **166쪽**

1 ❶ ケーキを つくる ことです。
❷ ケーキを つくる ことが できます。
❸ ピアノを ひく ことです。
❹ ピアノを ひく ことが できます。
❺ えを かく ことです。
❻ えを かく ことが できます。

2 ❶ A：しゅみは なんですか。
B：しゃしんを とる ことです。
❷ A：ケーキを つくる ことが できますか。
B：はい、できます。

20강 | **174쪽**

1 ① ひけます。
② つくれます。
③ たべられます。
④ ねられます。
⑤ こられます。
⑥ できます。

2 ① A：ピアノが ひけますか。
B：ええ、ちょっと……。
② A：にほんごが はなせますか。
B：いいえ、ちょっと……。

21강 | **184쪽**

1 ① こいびとに プレゼントを あげます。
② こいびとに プレゼントを あげました。
③ こいびとが プレゼントを くれます。
④ こいびとが プレゼントを くれました。
⑤ こいびとに プレゼントを もらいます。
⑥ こいびとに プレゼントを もらいました。

2 ① A：だれに あげますか。
B：いもうとに あげます。
② A：だれに もらいましたか。
B：いもうとに もらいました。

22강 | **194쪽**

1 ① ごはんを つくって あげます。
② りょうりを して あげます。
③ ごはんを つくって くれます。
④ りょうりを して くれます。
⑤ ごはんを つくって もらいます。

⑥ りょうりを して もらいます。

2 ① A：だれが えほんを よんで くれますか。
B：ともだちが えほんを よんで くれます。
② A：だれに ばんごうを おしえて もらいますか。
B：おとうとに ばんごうを おしえて もらいます。

23강 | **202쪽**

1 ① しょうゆを とって くれますか。
② しょうゆを とって くれませんか。
③ しょうゆを とって もらえますか。
④ しょうゆを とって もらえませんか。
⑤ ふたを あけて くれますか。
⑥ ふたを あけて くれませんか。
⑦ ふたを あけて もらえますか。
⑧ ふたを あけて もらえませんか。

2 ① A：あじみを して もらえますか。
B：いまは ちょっと……。
② A：にくを やいて くれませんか。
B：いいですよ。

24강 | **210쪽**

1 ① しゅっちょうに いく つもりです。
② しゅっちょうに いく よていです。
③ そうじを する つもりです。
④ そうじを する よていです。
⑤ しけんを うける つもりです。
⑥ しけんを うける よていです。

2 ① A：あした なにを する つもりですか。

B：そうじを する つもりです。
❷ A：こんしゅうまつ なにか よてい ありま
　　すか。
　　B：しゅっちょうに いく よていです。

25강 | 218쪽

1 ❶ まとう。
❷ まとうと おもって います。
❸ たべよう。
❹ たべようと おもって います。
❺ しよう。
❻ しようと おもって います。

2 ❶ A：なにを たべようと おもって いますか。
　　B：すしを たべようと おもって います。
❷ A：どこに いこうと おもって いますか。
　　B：にほんに いこうと おもって います。

26강 | 226쪽

1 ❶ おおゆきが ふるそうです。
❷ おおゆきが ふらないそうです。
❸ さむいそうです。
❹ さむく ないそうです。
❺ キャンセルだそうです。
❻ キャンセルじゃ ないそうです。

2 ❶ A：りょこうに いくそうです。
　　B：いいですね。
❷ A：こないそうです。
　　B：ざんねんですね。

27강 | 234쪽

1 ❶ たべられそうです。
❷ たべられそうに ないです。
　　/ たべられそうも ないです。
❸ たべられそうにも ないです。
❹ おいしそうです。
❺ おいしく なさそうです。
❻ しんせんそうです。
❼ しんせんじゃ なさそうです。

2 ❶ A：どうしたんですか。
　　B：つかれて しにそうです。
❷ A：どうしたんですか。
　　B：たべられそうに ないです。

28강 | 242쪽

1 ❶ まつりが あるらしいです。
❷ ぐあいが わるいらしいです。
❸ ゆうめいらしいです。
❹ あめらしいです。
❺ おんならしさ
❻ はるらしさ

2 ❶ おとこらしいです。
❷ おとこらしく ないです。
❸ がくせいらしいです。
❹ がくせいらしく ないです。

29강 | 250쪽

1　❶ はじまるようです。
　　　/ はじまるみたいです。
　　❷ おいしいようです。
　　　/ おいしいみたいです。
　　❸ まるで あきの ようです。
　　　/ まるで あきみたいです。

2　❶ A: どう おもいますか。
　　　B: まるで ゆめの ようです。
　　❷ A: どう おもいますか。
　　　B: まるで ドラマみたいです。

30강 | 258쪽

1　❶ はなすように します。
　　❷ はなすように して います。
　　❸ はなすように なりました。
　　❹ はなすように なって います。
　　❺ べんきょうするように します。
　　❻ べんきょうするように して います。
　　❼ べんきょうするように なりました。
　　❽ べんきょうするように なって います。

2　❶ A: あさ はやく おきるように して いますか。
　　　B: はい、あさ はやく おきるように して います。
　　❷ A: かんじが おぼえられるように なりましたか。
　　　B: はい、かんじが おぼえられるように なりました。

■ 동사의 ます형과 ない형 활용

기본형	그룹	뜻	ます형 (~해요)	ない형 (~하지 않다)
会う	1	만나다	会います (만나요)	*会わない (만나지 않다)
行く	1	가다	行きます (가요)	行かない (가지 않다)
泳ぐ	1	수영하다	泳ぎます (수영해요)	泳がない (수영하지 않다)
話す	1	이야기하다	話します (이야기해요)	話さない (이야기하지 않다)
待つ	1	기다리다	待ちます (기다려요)	待たない (기다리지 않다)
死ぬ	1	죽다	死にます (죽어요)	死なない (죽지 않다)
遊ぶ	1	놀다	遊びます (놀아요)	遊ばない (놀지 않다)
飲む	1	마시다	飲みます (마셔요)	飲まない (마시지 않다)
食べる	2	먹다	食べます (먹어요)	食べない (먹지 않다)
見る	2	보다	見ます (봐요)	見ない (보지 않다)
来る	3	오다	来ます (와요)	来ない (오지 않다)
する	3	하다	します (해요)	しない (하지 않다)

■ 동사의 て형과 た형 활용

기본형	그룹	뜻	て형 (〜하고, 〜해서)	た형 (〜했다)
会う	1	만나다	会って (만나고, 만나서)	会った (만났다)
行く	1	가다	*行って (가고, 가서)	*行った (갔다)
泳ぐ	1	수영하다	泳いで (수영하고, 수영해서)	泳いだ (수영했다)
話す	1	이야기하다	話して (이야기하고, 이야기해서)	話した (이야기했다)
待つ	1	기다리다	待って (기다리고, 기다려서)	待った (기다렸다)
死ぬ	1	죽다	死んで (죽고, 죽어서)	死んだ (죽었다)
遊ぶ	1	놀다	遊んで (놀고, 놀아서)	遊んだ (놀았다)
飲む	1	마시다	飲んで (마시고, 마셔서)	飲んだ (마셨다)
食べる	2	먹다	食べて (먹고, 먹어서)	食べた (먹었다)
見る	2	보다	見て (보고, 봐서)	見た (봤다)
来る	3	오다	来て (오고, 와서)	来た (왔다)
する	3	하다	して (하고, 해서)	した (했다)

■ 동사의 가능형과 의지/권유형 활용

기본형	그룹	뜻	가능형 (~할 수 있다)	의지/권유형 (~할래, ~하자)
会^あう	1	만나다	会^あえる (만날 수 있다)	会^あおう (만날래, 만나자)
行^いく	1	가다	行^いける (갈 수 있다)	行^いこう (갈래, 가자)
泳^{およ}ぐ	1	수영하다	泳^{およ}げる (수영할 수 있다)	泳^{およ}ごう (수영할래, 수영하자)
話^{はな}す	1	이야기하다	話^{はな}せる (이야기할 수 있다)	話^{はな}そう (이야기할래, 이야기하자)
待^まつ	1	기다리다	待^まてる (기다릴 수 있다)	待^まとう (기다릴래, 기다리자)
死^しぬ	1	죽다	死^しねる (죽을 수 있다)	死^しのう (죽을래, 죽자)
遊^{あそ}ぶ	1	놀다	遊^{あそ}べる (놀 수 있다)	遊^{あそ}ぼう (놀래, 놀자)
飲^のむ	1	마시다	飲^のめる (마실 수 있다)	飲^のもう (마실래, 마시자)
食^たべる	2	먹다	食^たべられる (먹을 수 있다)	食^たべよう (먹을래, 먹자)
見^みる	2	보다	見^みられる (볼 수 있다)	見^みよう (볼래, 보자)
来^くる	3	오다	来^こられる (올 수 있다)	来^こよう (올래, 오자)
する	3	하다	できる (할 수 있다)	しよう (할래, 하자)